GISELLE BLONDET

TENGO

50

¿Y QUÉ?

El perfecto manual
para todas las *tonas*
(treintonas hasta noventonas)

Grijalbo

Tengo 50, ¿y qué?
El perfecto manual para todas las tonas
(treintonas a noventonas)

Primera edición: octubre, 2014

D. R. © 2014, Giselle Blondet

D. R. © 2014, Sofía Vergara, Alejandra Espinoza
y Pamela Silva Conde por los prólogos

D. R. © 2014, derechos de edición mundiales en lengua castellana:
      Penguin Random House Grupo Editorial, S.A. de C.V.
      Blvd. Miguel de Cervantes Saavedra núm. 301, 1er piso,
      Colonia Granada, delegación Miguel Hidalgo, C.P. 11520,
      México, D.F.

www.megustaleer.com.mx

Comentarios sobre la edición y el contenido de este libro a:
megustaleer@penguinrandomhouse.com

ISBN 978-607-312-679-3

Impreso en México / *Printed in Mexico*

A mi madre Alba Gómez
y a mis hijos Andrea, Gabriella y Harold,
¡que son el regalo más grande
que haya podido recibir!

Índice

Prólogos

Algunos de los momentos más felices de mi vida los he pasado frente a un pudín o *cake* o pastel, o como le quieran decir, soplando velas de colores. Cumplir años es algo divino. La tradición más feliz. Por eso no entiendo en qué momento estúpido a las mujeres, que de niñitas tanto soñamos con cumplir 15, se nos muere la ilusión de celebrar un año más de vida por miedo a sentirnos menos.

Nunca sentí la necesidad de esconder mis años, no porque fuera yo un modelo de valentía o sinceridad, sino por simple imposibilidad, por una falta de opción que le agradezco a mi hijo Manolo. Como lo tuve a los 19 años, y ya entonces era conocida en Colombia, hubiera sido un crimen meterlo 10 años más tarde al kínder, esconderlo cuando le saliera el bigote o entrenarlo para que me llamara "hermana". Además, ser mamá me hizo valorar más el estar viva. Los cumpleaños de Manolo son los únicos que me gustan más que los míos.

En mi caso sería natural tenerle pavor al reloj, porque la realidad inevitable es que el paso del tiempo podría desinflarle el "valor" (¡y los globos!) a quien fuera nombrada "la Bomba Sexy", cuando hacía calendarios, hace 20 años. Es inevitable pensar que las cientos de fotos sonrientes que espero que vengan en el futuro se adornarán de arrugas con cada velita extra que apague, arrugas que requerirán un llamado de auxilio al 911 del *photoshop* en las revistas, hasta que ya de plano les dé hartera invertir tantas horas de trabajo borrando las patas de gallina de mi cara feliz. Tengo claro que es cuestión de tiempo para que alguien publique "Sofía Vergara padece de la Epidemia de Sejuela (Se jué la juventud)." Como todas, como las bebés, como las quinceañeras, cada año me pongo más vieja y me alejo más de la juventud exterior. ¿Y qué? La única alternativa de cumplir años es no cumplirlos. Y me quedo con la primera. Además, yo ya escogí seguir siendo jovencita y feliz por dentro.

A mis 42 años, he ido a entierros tristes, y he visitado a niños enfermos que hoy son angelitos y que apagaron menos velitas de las que merecían. Por eso, y por dignidad, me rehúso a dejar de celebrar la vida que cada 365 días me regala una vela nueva. Quiero una fogata inmensa, una llama que parezca un meteoro gigante encima de mi último *cake* de cumpleaños, con muchas velitas de colores. Y las voy a apagar todas, feliz. Yo he decidido que voy a celebrar siempre mi edad. Quiero ser una vieja joven: bailadora, parrandera y gozadora.

La vanidad de una mujer, incluso de una como yo para quien su físico y juventud le han servido de trampolín para darle de comer a su hijo, y cumplirle muchos sueños a su familia, jamás debe ser más importante que la bendición que nos da Dios de cumplir otro año más junto a nuestros seres queridos. Y ese regalo de vida hay que celebrarlo sin estupideces. Uno sí puede envejecer con juventud:

juventud de espíritu, de ilusiones, de alegría, e incluso se puede ser siempre bella, deseable, sexy, interesante.

Mi cara ya está dándole la bienvenida a las arrugas de la vida que poquito a poco la están invadiendo; yo desde hace años las estoy espantando cariñosamente con cremitas, protector solar, jugos verdes y buena alimentación. Pero no voy a tratar de exterminarlas con cirugías que te dejan las orejas mal puestas. Siento que si tratas los años con respeto sólo se te arruga en cámara lenta lo de afuera. Al menos eso es lo que he escogido pensar. No le temo a la "Sejuela", al contrario: le sirvo un vinito blanco y le pongo un vallenato, sin problemas. No quiero ser parte de la ridícula noción de que es imposible aumentar nuestro valor como mujeres, de ser sexys y felices conforme pasan los años. Por el contrario, si no lo creen, lean a Giselle Blondet.

Su libro, perfecto para todas las *tonas* como yo (de treintonas hasta noventonas), celebra sus 50 años bien vividos, te enamora de la vida, y prueba que la edad sí importa, porque te hace más: si te cuidas más, te celebras más y te quieres más, y si entiendes la hermosa prueba de supervivencia que es tu edad, es un regalo de Dios para seguir haciendo cosas grandes. También comprueba que los cincuenta pueden lucir y sentirse tan bien como los nuevos treinta... ¡y eso me encanta!

Sofía Vergara

Dicen que el medio artístico está lleno de personas egoístas, vanidosas y calculadoras. Tengo que reconocer que me ha tocado tropezarme con varias. Pero cuando conocí a Giselle Blondet comprendí que nunca más podía generalizar. Es una de las mejores personas que he conocido en mi vida.

Recuerdo que cuando la vi por primera vez lo primero que pensé fue "¿cómo es posible que alguien de 43 años luzca tan bien?" Luego de conocerla entendí el porqué. Para mí Giselle no es solamente la mejor conductora que hay; ella es, ante todo, una gran hija y una mejor madre, y no lo digo solamente por cómo trata a sus hijos, sino por cómo es con cualquiera que se cruce en su camino. Jamás olvidaré aquel día de 2007 cuando las dos éramos parte del grupo de *Nuestra Bella Latina*: detrás de cámaras, Giselle se atrevió a quitarse el zapato para decirme que le preguntara algo a Enrique Iglesias. Yo era entonces demasiado tímida, debido a mi corta edad, y no me atreví a hacerlo. Al terminar la grabación, Giselle se me acercó a decirme con una voz muy dulce: "Alejandra, tienes que hablar... recuerda que para poder trabajar en este medio es muy importante que te comuniques". Desde entonces ella se convirtió en mi hada madrina: me dio siempre los mejores consejos sin esperar nada a cambio, aplaudía cada paso importante que daba y señalaba mis errores cuando era justo y necesario. Pero ¿qué tiene que ver todo esto con la edad y lo bien que luce? Sencillo, pues es el reflejo de su belleza interna; esa belleza que va más allá de la fama, el dinero o la popularidad. Es ese tipo de belleza interna tan poderosa que se ve reflejada en el rostro de una persona haciéndola físicamente más atractiva. Así pasa con Giselle. Y es que en el rostro y en el cuerpo de una mujer como ella no se mira alguna edad en particular, sino bondad pura. Y gracias a ella aprendí una de las cosas más importantes de la vida: si uno siembra cosas buenas, sólo cosechará cosas buenas.

Al leer el libro pude escuchar en cada párrafo su voz. Me reí en las partes en las que la imagino escribiendo con una sonrisa, y lloré prácticamente en cada parte en la que habla de su mamá, pues tuve la bendición de conocerla y observar de cerca ese gran amor que las unía, y que sólo es posible entre una madre y su hija.

Tengo 50 y qué no es sólo un libro, es un manual para enfrentar con orgullo y dignidad nuestra edad, sin importar la que ésta sea. No tienes que tener o pasar de los cincuenta para leerlo; de hecho, si llegó a ti y tienes menos de 25 años, ¡bendecida eres!, te aseguro que te enfrentarás a la vida de una forma distinta.

Y déjame decirte, mi parte favorita del libro fue la carta que la Giselle de 50 le escribe a la Giselle de 20. Sentí que estaba dirigida a mí y subrayé la frase que más me cautivó: "Mantén la calma mi'jita, y goza más el momento". Así que, sin importar nuestra edad, ¿a qué estamos esperando?

Alejandra Espinoza

Ninguna edad es fácil de afrontar para una mujer, sobre todo si ésta pretende conjugar su misión como profesional, madre y figura pública, y cumplirla con aplomo y entrega. Giselle supo asumir el reto, atravesando contra viento y marea cada una de las etapas de ese arduo y maravilloso camino que es la vida, para llegar íntegra y victoriosa a sus 50 primaveras. Por supuesto que en cada década la inseguridad está al acecho, y una muchas veces se pregunta si será posible alcanzar el éxito y la felicidad sin fracasar en el intento, pero su trayectoria es la mejor prueba de que es posible. Que con voluntad, esfuerzo y fe se puede escalar cualquier montaña, por alta que sea, y que no existe obstáculo infranqueable. Porque al final del sendero siempre nos espera una recompensa. Este libro es un regalo en las manos de las mujeres de todas las generaciones que, como Giselle, empuñamos las armas del sacrificio y el amor para labrar nuestra propia felicidad, una felicidad esculpida con la arcilla de nuestros sueños.

Pamela Silva Conde

CAPÍTULO 1

50, sin cuenta y sin darme cuenta

El 9 de enero de 2014 desperté en Florencia con 50 años. Hasta allí me llevó un estudio astrológico dictado por un retorno solar. ¿Que qué es un retorno solar? Eso te lo diré después.

Primero permíteme contarte que en esa ciudad, la cuna del Renacimiento, en otro continente, rodeada de museos, con sabrosa comida y buen vino, y *seis horas antes de tiempo*, llegué a la edad temida. Allí también me prometí renacer y revelar las lecciones que la vida me ha dado para no llegar a los 50 como imaginé cuando tenía 20: canosa, invadida por la celulitis, vestida como una *doña* y con muchas partes de mi cuerpo colgando... o a punto de caer. Pero, ¡sorpresa!, lo que vi ante el espejo del baño del hotel florentino me confirmó que, gracias a Dios, mis predicciones de veinteañera no eran ciertas. Había llegado a los 50 sin cuenta y casi sin darme cuenta.

Un año antes, a los 49, el retorno solar me aconsejó recibirlos en Seattle, Washington. Digamos que en el fin del mundo a la derecha. Recién pasadas las fiestas de Navidad y Año Nuevo, nadie pudo acompañarme y llegué a mi destino yo sola (sí, *sola* y disfrutándolo). Comencé mi celebración amaneciendo con mis 49 a cuestas en un gran hotel de lujo, donde me sentí como una reina.

Después de pasar todo el día apapachándome con buena comida, masajes y, por supuesto, muchas compras, fui a ver una obra de teatro. La disfruté tanto que mi risa dominaba el recinto con su gran volumen. Fue una noche inolvidable. Recuerdo que le regalé mi copa de vino a la señora de al lado y después su risa le ganó en intensidad a la mía. Al terminar la obra, fui a cenar *sola* al mejor restaurante de la ciudad. Debo confesar que en él yo era la única persona que no iba acompañada. En ese momento me di cuenta de que empezaba a hacer cosas que creí que nunca me gustarían y que difícilmente me hubiera atrevido a hacer antes.

El GPS de la cincuentona feliz

Aquella noche, instalada en una cama grande y cómoda, comencé a pensar cómo pasaría mi último año antes de llegar a los 50. Recordé que a los 40 pensé que me quedaban 10 años de carrera. No acerté. Ya habían pasado nueve y no sólo tenía una gran cantidad de planes, sino que cada vez albergaba menos temores.

Por eso, cuando un año después me enfrenté a mi cuerpo de cincuentona ante el espejo de ese hotel, me dije en voz alta: "¡Ay, Dios, Giselle! Estás contenta. Estás en paz. Por fin sabes lo que quieres… Y no luces tan mal".

En esa ocasión, a diferencia del año anterior, no estaba sola. Me acompañaba el hombre de mi vida: mi hijo menor, Harold Emmanuel, quien esa noche tuvo mi permiso para que juntos brindáramos con una botella de vino. No había mejor excusa.

Para muchas mujeres, cada año que cumplen es uno menos de carrera y de vida. En lugar de contar lo que llevan de existencia, cuentan lo que falta para que llegue la muerte.

Si en estas circunstancias te preguntas: "¡Auxilio! ¿Qué hago?", mi respuesta es la siguiente: "Convierte ese pensamiento negativo en uno completamente opuesto. Piensa que es un año más de experiencia que te ayudará a gozar tu vida con mayor intensidad. Un año más que te enseñará a ser una mejor persona: una mejor profesional, madre, pareja y amiga. Un año más para perfeccionar tu existencia". Para mí, que durante una etapa siempre fui un año menor, gritar a los cuatro vientos que cumplía 50 me hizo sentir que mi autoestima iba por buen camino.

Reconozco que, como todos los seres humanos, tengo mis inseguridades, mis preocupaciones, todos esos sentimientos que, conforme nos hacemos mayores, pasan ante nuestros ojos como una película en cámara rápida. Pero, poco a poco, preparándome para mis 50, he aprendido cómo batallar con un ejército de inseguridades que son como pequeñas y bravas hormigas que, al picarte, provocan que te desconcentres y desvíes la mirada de tu meta. Así que si tú, como yo, has llegado a la mitad de tu vida, considera este libro como el GPS de la cincuentona feliz. El manual para llegar a la mitad de tu vida con éxito, sabiduría, belleza, control y satisfacción. Y, sobre todo, con la capacidad de disfrutar lo que eres, prepararte para lo que serás y no lamentarte de lo que no has podido ser.

Los 50 de hoy son los nuevos 30. Aquellas épocas en que a esa edad las mujeres recogían su cabello en un moño, alargaban sus faldas y le ponían fin a su vida sentimental, ya no existen. La media vida parece ser apenas el comienzo. No creas que te digo esto como una manera de proporcionarte consuelo. ¡Qué va! Yo he comprobado que sí se puede llegar a esta edad con un buen número de proyectos, de ilusiones, con la mente en paz y con un buen cuerpo. Y añado algo importante: no sólo tenemos derecho a salir a buscar el amor, sino a encontrarlo y a reconocerlo como *verdadero*. Como comentaré más adelante, también he aprendido que en el juego del amor, gana el que llegue en último lugar, no en primero.

Perdón, pero no soy más vieja que Matusalén

Para muchas personas, la edad de la mujer es un tema que se presta a bromas. Tengo un amigo muy simpático que nos compara con países y continentes. Según él, de los 13 a los 18 años, la mujer está como América Latina: en pleno desarrollo. De los 19 a los 25, es como África: mitad virgen y mitad explorada. De los 26 a los 35, como Asia: ardiente pero misteriosa. De los 36 a los 45, como Europa: conservadora pero interesante. Y de los 46 a los 55, como Estados Unidos: pura tecnología.

Y yo opino, ¿qué importa? Si para verte bien hay que usar la tecnología, pues para eso la creó Dios. Cada vez que alguien busca cicatrices detrás de mis orejas para calcular cuántas cirugías llevo, río hasta el cansancio. Perdón, pero yo no soy más vieja que Matusalén. El chistecito ya está gastado. En este libro sabrás qué he hecho para verme tan joven, que tal vez es la pregunta que más me han planteado, y también te contaré si es verdad o no que me he sometido a alguna cirugía.

Al decirte que a Florencia me envió un retorno solar, hablo de una experiencia que he tenido desde hace cinco años: una experta me prepara un horóscopo anual que calcula el momento en que el sol llega a la posición en que estaba cuando nací. Eso sucede cada vez que cumplimos años (que es como volver a nacer). Ese estudio te indica el lugar donde más te favorece estar ese día. No entiendo mucho del asunto, pero me parece muy interesante. Y si, como dicen, trasladarme allí favorece mi economía y las relaciones con mi familia, lo hago con gusto.

Este año en Florencia la experiencia iba de maravilla. Sentía que tenía todo bajo control. Nada me molestaba. Incluso, anuncié en las redes sociales que estaba próxima a cumplir 50 años e invité a mis fans a que me enviaran mensajes de felicitación. Elegiría a 50 personas de quienes me los mandaran y las seguiría el día de mi cumpleaños. ¡Todo marchaba a la perfección! Pero la noche en que iba a cumplir esos 50 años en Italia, o sea, *seis horas antes* que en Miami, donde vivo, me invadió algo muy parecido a la ansiedad. Y aquellas hormigas bravas que pensé que había aniquilado, comenzaron a picarme de nuevo… Entonces me percaté de que no estaba muy tranquila cuando pensé: "¿Será posible? ¿No pude haber ido a otro sitio para celebrar mi cumpleaños seis horas después? O, mejor aun… ¿doce horas después?"

¡De pronto me vi con muchas cosas por lograr! Y le dije a Dios: "¿Acaso mañana me levantaré siendo viejita?

Hablemos claro: 50 años representan un número importante, un número considerable. Dios mío: ayúdame y permite que ahora comience mi mejor etapa… Señor, si estos 49 han sido el ensayo de mi vida, haz que sienta que los 50 marcarán el comienzo de mi gran obra y que sea lo que Tú quieras… Pero, por favor, Dios mío... ¡sin muchas arrugas ni sofocos!"

Sin poder dormir, daba vueltas y vueltas en la cama. De improviso se agolparon en mi mente todas las ideas. Sentí una ansiedad increíble. *50 años*. Me parecieron tan cerca de los 75 que tenía mi mamá cuando falleció, que por un momento sentí que se me iba la vida. Pensé en mis tres hijos, en lo que ahora viven. Mi hijo menor, Harold, cursaba su primer año en la universidad. ¿Lograría verlo casado y con hijos? ¿Vería a mis hijas vestidas de novia? ¿Las acompañaría en sus partos? Y es que yo quiero ser una abuelita joven, enérgica, que disfrute y pueda transmitirles a mis hijos y a mis nietos los valores heredados de mi madre.

Nunca la digas (en memoria de mi madre)

Mi mamá… Había llegado a los 50 sin ella, y de pronto recordé con alegría una anécdota que vivimos cuando cumplió 75.

Fue el último cumpleaños que le celebré con una fiesta sorpresa. Mi querido amigo Julián Gil, a quien mi mamá adoraba, fue mi cómplice. Decidimos filmarle un video sorpresa a Mami con sus artistas favoritos, ya que siempre fue una fan novelera ciento por ciento. Así que Julián fue a Televisa y pidió la colaboración de Jorge Salinas, que en ese entonces andaba súper ocupado con una novela. Ella lo conoció cuando yo trabajé con Jorge en la telenovela *Morelia* y desde entonces lo quería mucho.

Jorge, siempre encantador, le dijo en el video:

—¡Albita! ¡Qué linda estás! ¡No se te nota que tengas 75!

En ese momento puse el video en pausa y pensé que si se lo mostraba a mi madre en la fiesta, me mataría. Nunca confesó su edad. Así que escondí ese video hasta que pasó el cumpleaños. Dos o tres días después, cuando vi que estaba de muy buen humor, le dije:

—Mami, olvidé que tenía una sorpresita para ti —le dije y puse el video.

¿Por qué lo hice? ¡Por poco me mata!

—Giselita, ¿tú le dijiste mi edad a Julián? ¿Cómo es que Julián y Jorge Salinas saben que cumplía 75 años?

Mi mamá era tan ocurrente que solía comentarme al ir por la calle:

—Mira, mira a esa viejita, Giselita. Pobrecita, me da una pena. Se ve tan solita.

—¿Cuál viejita, Mami? —le preguntaba—. ¿Ésa? Pero, Mami, ¡esa señora es más joven que tú!

Y ella, con expresión de jugador de póker, me contestaba sin mover un músculo de su cara:

—¿Ah, sí? Pues no se le nota.

Esa noche en Florencia reí mucho recordando a mi mamá.

Mirar al pasado para avanzar al futuro

Respiré profundamente y repasé lo que había vivido. Nací en Nueva York y fui muy feliz hasta que mis padres se divorciaron. Mi mamá, la mujer que más he amado, decidió dejar a mi papá por picaflor. Después del divorcio me llevó con ella a Puerto Rico, donde comenzamos una nueva vida… Allí, viendo cómo trabajaba de sol a sol y caminaba más de media hora para recogerme en el colegio, prometí que cuando fuera grande trabajaría mucho para darle todo lo que quisiera… Y así, rezando por ella, la mujer de mi vida, que 50 años atrás seguramente estaría sintiendo sus dolores de parto, me quedé dormida.

Cuando desperté ya era una mujer de 50 años. Supe que todo había pasado y Dios se había llevado mi ansiedad. Vi las cosas con alegría y me dediqué a leer los mensajes que la gente me escribía, riendo y llorando con ellos.

Lo primero que hice ese día fue agradecer el hecho de que tantas personas me demostraran su cariño todos los días. Precisamente, si algo me gusta de esta profesión que elegí, es sentir el inmenso cariño de tantas personas. Aunque quise dedicarme a la psicología, siempre digo que ser actriz y animadora me ha permitido llevar alegría a los hogares de la gente y a sus familias; ayudarlas a olvidar, aunque sea momentáneamente, sus problemas. A veces pienso que aún no he hecho nada para merecer ese afecto de las personas. Es ahora, a los 50, cuando siento sinceramente que empiezo a recorrer ese camino que estoy segura me brindará la posibilidad de lograr cambios reales y tener acceso a más corazones.

Y es que llegar a los 50 no ha sido sólo un gran golpe de suerte, sino también el resultado de un proceso que comenzaré a contarte en el capítulo siguiente.

Para no olvidar, mi amiga

✓ Cuenta lo que llevas de vida y analiza lo que has aprendido. Nadie sabe lo que te falta por vivir; entonces, ¿para qué te preocupas?

✓ Es normal que sientas ansiedad cuando llegas a los 50, pero procura librarte de ella.

✓ Elabora tu diario-guía para ser feliz. Escribe todo lo que necesitas, desde cómo "reparar tu alma" hasta cómo te gustaría que fuera tu cuerpo. Si ya lo sabes, puedes dedicarte a buscar todo lo que te hace falta y llevarlo a cabo.

✓ Haz el ejercicio de mirarte al espejo todos los días y decirte algo bonito. Recuerda que la belleza viene del alma, y cuanto más linda te sientas, más linda te verás.

✓ Ama cada minuto de tu vida. Es tuya, ¡y nadie puede escribirla mejor que tú! Toma el control.

✓ Ponte en primer lugar en tu lista de prioridades, no en último como si fueras un zapato viejo.

CAPÍTULO 2

Sí. ¡Mafalda y Barbie son mayores que yo!

Señoras y señores, Barbie cumplió 50 en 2009 y Mafalda en 2012… Sí, son mayores que yo, y andan tan campantes. De igual forma, muchas mujeres de mi edad, o incluso mayores, se ven sensacionales. Mientras escribo este libro veo que sesentonas como Christy Brinkley adornan en traje de baño, sin celulitis, la portada de *People*. Y cincuentonas como Maribel Guardia, que cada día luce más bella, hacen que ellos se mueran de ganas, y nosotras, de envidia.

Esta tendencia a parecer siempre joven hay que agradecérsela a una actitud que tú puedes asumir desde hoy. La belleza comienza en nuestro interior. Y te tengo buenas noticias: no hay cremas para las arrugas del alma y el botox no estira la felicidad.

Decir o no decir

A mi madre siempre la vi joven. De hecho, hubo un tiempo en que nunca pasó de los 36. Recuerdo que una amiga del colegio una vez me preguntó:

—Oye, Giselle, ¿hasta cuándo va a tener tu mamá 36 años?

Muy preocupada, al llegar a casa le conté la anécdota a mi mamá, y ella, con mirada fulminante, me contestó:

—Dile a tu amiga que tengo 36 años... ¡y se acabó!

Debo confesar que yo le heredé esa costumbre de quitarme la edad y la practiqué durante un tiempo. En esa época pensaba como Oscar Wilde: "¿Cómo tener confianza en una mujer que dice su edad? Una mujer capaz de decir eso, es capaz de decirlo todo".

Pues, señor Wilde, le tengo noticias: sí, aquí públicamente reconozco que durante varios años fui un año menor de lo que soy. ¿Para qué me sirvió? Hoy en día creo que para nada. Los años hay que confesarlos para tener control sobre ellos y poder gozarlos. En lo que sí tenía razón, señor Wilde, es en que las que confesamos la edad somos capaces de confesar todo.

Todavía recuerdo el discurso de Jodie Foster recibiendo el premio Cecil B. DeMille en los premios Golden Globe:

—¡Tengo 50! ¡Tengo 50! Hoy iba a traer el caminador, pero no hacía juego con el escote de mi vestido —dijo la actriz, provocando la carcajada del público.

Los 50 hay que tomárselos con buen humor. Y no esconderlos. Más bien, verlos como los años en que el mundo ha tenido la dicha de gozar de nuestra presencia.

Lo único que escondía mi mamá era la edad. Lo demás lo demostraba en abundancia: era positiva, divertida, compasiva... Siempre tenía una solución para todo y quería hacerle la vida más fácil a quienes la rodeaban, aunque la de ella no lo hubiera sido tanto. Con mi mamá aprendí que hacer el bien te da paz y la paz es vecina de la mejor receta de la eterna juventud: la felicidad.

En el prólogo de mi primer libro, *Con los pies en la tierra*, en el que por cierto nunca confesé mi edad, Jorge Ramos escribió que yo actuaba como si todo fuera fácil en mi vida, aunque cada paso que daba hubiera sido una batalla. No se equivocó. Aquí quiero dejar muy clara la misma lección: así la vida te haya tratado mal, tú tienes que tratarla bien. Cada día que empieza es una nueva oportunidad para escribir tu destino.

Quizá te preguntes: "¿Pero eso es lo único que conserva joven a Giselle Blondet?" Aunque la paz interior sea lo más importante para mí, te confieso que la vida también me enseñó a preparar mi estrategia antivejez, que aquí compartiré contigo.

Vivir por adelantado

En mi vida todo ha pasado antes de tiempo. A los 14 comencé a trabajar como actriz después de que un famoso actor me descubriera. Me vio por los pasillos de Telemundo en Puerto Rico, preguntó quién era yo, me ubicó y me dio mi primer trabajo en teatro. A los 15 trabajé en mi primera telenovela, *Ariana*, junto a Arnaldo Andre y Gladys Rodríguez. A los 16 me fui de casa. En mi cielo azul también había nubarrones grises.

Después de que mi mamá y mi papá se separaron, ella se casó de nuevo con un hombre a quien también quise mucho, pero que desgraciadamente era alcohólico. Por eso decidí dejar mi casa. En esa época ya ganaba suficiente dinero

31

para mantenerme sola y mi mamá me ayudó a alquilar un departamento, pues por ser menor de edad yo no podía firmar el contrato. En el mismo edificio conocí a mi primer amor: un hombre 10 años mayor que yo, joyero, con quien me casé cuatro meses después para convertirme en esposa y, más adelante, a los 20, en madre de Andrea. Sí, ahora que lo pienso, hice dos o tres cositas de adulta antes de serlo.

Para no ser una persona tóxica

Te cuento todo esto porque, como cualquier mujer, he sido parte de eventos buenos, regulares y malos que, me gusten o no, son el resumen de lo que he vivido. De lo que he echado en ese saquito invisible que todos llevamos a cuestas y del que vamos sacando lo que se llama *experiencias*. El problema comienza cuando permitimos que el saquito se convierta en nuestro exceso de equipaje amargo y poco a poco arrugue nuestra alma.

Conozco mujeres de 20 que parecen de 50, así como mujeres de 70 que parecen de 40. A las primeras, la amargura les dibuja facciones duras que gritan a los cuatro vientos su tristeza. Son fáciles de reconocer: constantemente se quejan, juzgan todo lo que pasa a su alrededor y lanzan veredictos de culpabilidad. Las llamo personas tóxicas; procuro alejarme de ellas pero, si no puedo, trato de evadir los temas que conducen a esa negatividad porque al final no estamos obligadas a pensar igual. Pero si, aquí entre nos, tú eres una de ellas porque la vida no te ha dejado huellas sino cicatrices, aquí van algunos consejos representativos de lo que a mí me ha funcionado:

1. Elige tus batallas

Reconoce las cosas que vale la pena resolver. Las personas que pelean diariamente por todo, pierden credibilidad. Se convierten en aves de mal agüero y nadie quiere estar con ellas. ¿Vale la pena enojarte por algo que no te afecta? Reemplaza esa energía negativa y la fuerza que le imprimes con algo positivo por lo que puedas luchar con esa misma energía. Por ejemplo, en vez de hablar mal de tu jefe y criticar todo lo malo que ocurre en el trabajo, pídele una cita y comunícale que quieres seguir creciendo, para lo cual ofreces tu cooperación. Piensa en cinco cosas que puedes hacer para resolver los problemas que criticas de manera cotidiana y expónselas.

2. En vez de quejarte, cuenta tus bendiciones

Es posible que, por sacar a la luz el aspecto malo y feo de todo, lo bueno de la vida te pase por delante sin que te percates de ello. Haz una lista de 50 cosas buenas que tienes en este momento. Si estás leyendo este libro, alégrate de poder ver. Así de simple. ¿Cuántos hay que no tienen visión? Piensa tú en las otras 49, según tus circunstancias.

3. Convéncete: la perfección no existe

Cuando era más jovencita me agobiaba por todo. Desde el desorden de mis hijos hasta aquello que se me salía de las manos sin resolver y sobre lo que no tenía control. Mi tía Myrna me dijo un día: "Será mejor que aprendas que la vida no es perfecta. Si sigues siendo tan perfeccionista, nunca serás totalmente feliz". Tenía razón. Hoy me preocupo por lo que yo puedo controlar y resolver. Y no hay que confundir el perfeccionismo con la pasión y la ambición. Es bueno querer ser mejor, pero no todo tiene que ser perfecto siempre. Cuando quieres que todo salga a la perfección y esto no ocurre, acumulas tristezas en vez de coleccionar alegrías por las metas que poco a poco has alcanzado.

4. Si tienes un problema con alguien, confróntalo

Tragarse los problemas produce indigestión en la conciencia. Si eres de las personas que sufre porque alguien pasa a tu lado y no te saluda, con toda la buena onda del caso búscala y pregúntale por qué no lo hizo. Tal vez no te vio, y mientras tanto tú te aplicas un harakiri mental pensando que has hecho algo malo para merecerlo. ¡Ah!, y recuerda siempre que detrás de un "no me pasa nada" lo que puede haber en realidad es un escenario... ¡color de hormiga brava!

5. Si no te gusta tu vida, cámbiala

La mayoría de las amarguras con las que amanecemos a diario son producto de una vida que no nos gusta. Identifica lo que no te agrada de la tuya. ¿Tu pareja? ¿Tu trabajo? ¿Tu cuerpo? Comienza a trabajar en seguida para cambiar esa circunstancia. Inscríbete en ese curso con el que siempre has soñado, empieza la dieta que sabes que te funciona o, quizá, toma al toro por los cuernos y enfrenta a esa pareja que no te hace feliz. Los problemas se arreglan hablando claro; dejarlos pasar simplemente implica acumular más penas.

Las mujeres tenemos que aprender a querernos más y a tener menos culpas. Nada hay de malo en luchar por lo que merecemos: ser bien tratadas, muy queridas y muy consentidas. Yo, por ejemplo, vivo un momento en el que incluso estoy reconsiderando mi vida amorosa. Sabes que nunca hablo de eso. Mantengo en privado mis asuntos del corazón, pero hoy puedo decir que, por primera vez en mi vida, siento que los controlo. No creo que alguien me elija; más bien, soy yo la que elige y la que decide cómo quiere vivir esa parte de su vida. Eso también se los debo a mis 50.

¿Yo culpable? ¡Pero de nada!

Para vivir más feliz hay que liberarnos de ataduras. A las mujeres latinas nos crían con culpas. Nos sentimos culpables de dejar a los hijos e ir a trabajar. Nos sentimos culpables de que nos pongan los cuernos. Nos sentimos culpables de dedicarnos tiempo. A veces, también, nos sentimos culpables hasta de ser felices.

Vamos por partes. Tú no eres culpable de nada. Tú eres un ser humano que ha ido por la vida tratando de hacer las cosas bien, aunque te hayan salido mal. Eso sí, es imprescindible que aprendas de cada error para no repetirlo. Mientras tanto, déjate querer o quiérete a ti misma más que a nadie, y deshazte ya de ese látigo que cargas contigo para castigarte cada vez que algo no sale como tú quieres. Recuerda siempre estos consejos:

1. Se vale intentarlo no una sino mil veces

Hasta que te dé la gana. No escuches a los saboteadores que te dicen que nunca lo lograrás. Si estás luchando por algo en la vida, persevera que algún día se te dará. En otras palabras, si te cierran una puerta, entra por la ventana.

2. En la vida sí se puede tener todo

Únicamente hay que estar conscientes de que no todo tiene que llegar al mismo tiempo.

3. Disfruta el momento

Si estás en el trabajo, no te angusties pensando en que dejaste a tu marido y a tus hijos solos en casa. Agradece que tienes empleo. Luego, cuando llegues a casa, disfruta a tus hijos y a tu marido… ¡y olvídate del aspecto laboral!

4. Mantente al día con la tecnología

Seguramente no quieres poner cara de susto cada vez que te hablen de Twitter, de Instagram o te contesten un texto con una abreviatura como LOL *(laughing out loud)*. Si estás al tanto, puedes responder en español muerta de la risa. Si sientes que eres capaz de comunicarte como lo hacen los más jóvenes, te sentirás exactamente así… ¡más joven!

5. No te quejes de tu edad

El otro día compartí una mesa con varias personas y el hombre, óyelo bien, el hombre que estaba a mi lado no paraba de quejarse de su edad. Decía que ya no podía tener las "aventuras" de antes, que no quería envejecer… Y seguía lamentándose hasta que yo me puse de pie, coloqué una mano en su hombro y le dije: "¡No había pensado en su edad hasta que usted se quejó!" En ese momento aquel hombre que encontré interesante cuando llegó, envejeció sin piedad ante mis ojos. Lección: ¡no te quejes!

6. Acepta tus momentos de inseguridad

No pretendo que ignores a las hormigas bravas que de repente se apoderan de todo tu ser cuando te encuentras con una fotografía de hace unos años y ves que ya tienes que ajustar un poco más el sostén. De ninguna manera. Más bien, te recomiendo que lo aceptes como parte del proceso de quererte y conocerte. Además, si te encuentras con algunos rollitos de más, ojalá al verlos te motives a hacer algo para eliminarlos de tu vida, aunque te tome un poco más de tiempo. ¡Qué importa! ¡Estás haciendo algo por ti! ¡Queriéndote un poquito más!

7. Aprende a reírte de ti misma

Y pues, ya te digo… hay que aceptarlo… Comenzaremos con los despistes: a buscar los lentes cuando los tenemos puestos en la cabeza, a dejar el cepillo del cabello dentro de la nevera y ponerte a buscarlo como loca hasta que tu hijo te diga: "Mami, ¿qué hace tu cepillo al lado de las fresas?" Ja, ja, ja. ¡Toma la vida con más humor! ¡Ríe hasta el cansancio con tus hijos! Definitivamente, eso te hará sentir y ver como seguramente quieres… ¡más joven o, al menos, más feliz!

8. Si te deprimes, come un helado y luego... levántate

Cuando te encuentres en esos días en que sientes que ya nada es tan fácil, que tus hijos se han ido, que al mirarte al espejo ves más canas en tu cabello, y todo eso te provoca ganas de llorar... ¡pues llora! Disfruta una de esas películas románticas comiendo un gran helado... ¿por qué no? ¡Tienes derecho a sentirte así! Algunas veces tendrás que pasar por estos momentos para reencontrarte contigo misma. Nada hay de malo en ello. Sin embargo, hazlo con la seguridad de que después de esas horas tendrás el compromiso de levantarte y seguir adelante. No importa que des dos pasos atrás, siempre y cuando sigas dando un paso hacia adelante.

9. No dejes que tu edad pese más que tú

Es como cuando quieres bajar de peso y todos los días subes con temor a la báscula para descubrir que sólo has reducido una onza que todavía no se refleja en tu cuerpo. Pésate menos, y preocúpate más por tu alimentación y por hacer ejercicio. Lo mismo sucede con tu edad. No pienses todos los días en ese número gigante que cae sobre ti. Si tienes canas, cúbrelas; si estás gordita, come en forma más sana o sigue un plan de dieta; si puedes, hazte un tratamiento con láser, un facial, un masaje, lo que quieras... Y luego mírate al espejo y regálate un apapacho: "Ésta soy yo, única, y estoy dispuesta a disfrutar cada minuto de mi 'tierna' edad".

10. Si del cielo te caen limones, haz una limonada

¡Cuántas veces hemos escuchado esto y qué difícil es practicarlo! Pero en realidad estoy convencida de que ésta es la actitud correcta. Dice Paulo Coelho, mi autor favorito, que si durante 10 días consecutivos repites que eres feliz, ¡el día 10 lo serás! Sin importar si eres alta o bajita, o si tienes 50, 60 o los años que sean. ¡Ésta eres tú! Bella, única, segura de ti misma, alegre. Contra eso nada puede.

¿Por qué confesarla?

Cuando tomé la decisión de escribir este libro alguien me preguntó por qué, si soy una persona pública y pertenezco a un medio en el que el físico es tan importante, había decidido confesar mi edad. La respuesta es simple. No podemos restarnos años porque sería como negar lo que hemos vivido. Sería como intentar borrar parte de nuestra historia. Por el contrario, es fundamental celebrar cada minuto que Dios nos ha dado para seguir disfrutando esta vida maravillosa que nos regala la oportunidad de despertar y empezar otra vez cada día.

Al ver a una mujer como Christy Brinkley —a quien conocí en Nueva York durante el desfile de trajes rojos de Mercedes Benz—, me llama poderosamente la atención su personalidad y la seguridad que demuestra. Hablo de que tiene 60 años y, como ya comenté, salió en traje de baño en la portada de la revista *People*, algo que le aplaudo. "Nunca imaginé que celebraría así mis 60 años —escribió en su cuenta de Instagram—. Gracias a *People Magazine* por enviar el mensaje de que con una dieta balanceada, ejercicio y alegría de vivir, cada cumpleaños debe ser una celebración."

Es responsabilidad de nosotras, las figuras públicas, transmitir ese mensaje de bienestar, seguridad, disciplina y empoderamiento a las mujeres que no tienen voz. Por eso es fundamental que digamos nuestra edad. Para que quienes nos ven y nos escuchan se acostumbren a hacer lo mismo. Para acabar de una vez por todas con esos malos chistes sobre la edad: "¡Ay, no, si tú podrías ser mi abuela!" o "¡Mírala, es más vieja que Matusalén!"

En verdad, esos chistes ya no me hacen gracia. ¡Ninguna!

Advertencia: a los 50 lo que no se cae, crece

Eso no quiere decir que no reconozca con humor que a los 50 lo que no se cae, crece. Dice un amigo mío que los 50 es la edad de los metales porque nos volvemos más pesadas que el plomo y nuestro cabello adquiere un color plata. Y digo yo: de las canas se encarga un buen tinte de L'Oréal (divina coincidencia: a mi edad soy la portavoz de L'Oréal y me encanta el eslogan: "Porque tú lo vales"). Del mal carácter se encargan las hormonas.

Nada hay más parecido a la adolescencia que estar en la década de los cincuenta. En ambas etapas las hormonas arman una revolución en nuestro cuerpo. A los 16 pensamos que nos estamos haciendo adultas. A los 50, que nos hacemos viejas. En la adolescencia, al perder estrógenos cada mes, nos deprimimos y experimentamos cambios súbitos

de humor. Curiosamente, al llegar a la menopausia nos sucede lo mismo, pero ya de manera permanente. Más adelante te contaré cómo he lidiado con la temida menopausia.

Deshacernos del miedo y celebrar

Como mencioné al principio de este libro, a mí también
me dio miedo cumplir las bodas de oro de mi vida. Y es
que con los 50 también se presenta el temor de que nos
quede menos tiempo de alcanzar la edad que queremos.
Cuando sientas ese miedo, ése será el momento de echar
mano de tres cualidades que vienen bien envueltas en el
paquete de la edad: *1)* la seguridad en ti misma, *2)* la confianza en que todo saldrá bien y *3)* la fuerza para luchar
por lo que quieras.

Yo siempre estoy segura de que todo irá bien. Soy católica y hasta sueño con la Virgen, pero me encanta aprender
de todas las religiones. Creo que Dios está sobre todas las
cosas, y además de agradecerle diariamente, le pido que me
ayude a ver lo bueno de la vida.

Todo lo anterior también me ha ayudado a convencer-
me de que es muy conveniente celebrar la edad, celebrar la
vida, motivarnos hablando de mujeres que se ven bien, que
son un modelo para nosotras, y seguir su ejemplo. Porque nosotras estamos empezando a vivir los mejores años
de nuestra vida.

Los mejores años no son los que quedaron atrás, esos
ya no existen, están en nuestros recuerdos y ojalá podamos
conservar las partes más bonitas. Pero los años más importantes son los que vivimos ahora.

Una de las mujeres que más admiro por su seguridad en sí misma es Jennifer López, quien anduvo muy feliz y enamorada de su novio Casper, aunque la gente la criticara porque ella lo aventajaba con no sé cuántos años. Para mí, eso es problema de ella. Yo me alegro de que tenga el novio que le dé la gana. ¡Dios mío, a ver si con la edad aprendemos a no juzgar a los demás y empezamos por no juzgarnos cruelmente a nosotras mismas!

Para no olvidar, mi amiga

✓ Toma los 50 con buen humor. De nada vale amargarte la vida porque, como dice Gloria Estefan, la otra opción para no cumplir años es morirse.

✓ Trata bien a la vida aunque la vida te haya tratado mal. Hay tres *R* que es esencial eliminar ahora mismo: *rabia*, *rencor* y *resentimiento*.

✓ No dejes que los problemas te arruguen el alma.

✓ Ve por la vida caminando de frente, tomando al toro por los cuernos y agarrando las oportunidades de la solapa.

✓ Combate el miedo con fe, confianza y positivismo.

✓ Se vale tener modelos a seguir. Mira a las mujeres de tu misma edad a las que admiras. ¿Qué han conseguido ellas que tú quisieras conseguir?

✓ Si del cielo te caen limones, procura hacer una limonada. En cada situación que veas complicada, siempre habrá algo bueno para ti. Por ejemplo, trabajar en el programa *Nuestra Belleza Latina* durante siete años, rodeada de jóvenes de 18 a 27 años de edad, no fue fácil. Es lógico temer que te hagan lucir más vieja. Pues para mí esa circunstancia funcionó de manera maravillosa porque, en primer lugar, me contagiaron su energía y, en segundo lugar, me motivaron a cuidarme un poco más. Así que, si del cielo te caen 10 amigas 20 años menores que tú, aprovecha esa oportunidad para aprender las mejores técnicas de moda y maquillaje que te hagan lucir como una reina.

✓ Explota tu mejor cualidad: si tienes ojos bellos, aprende a destacarlos con el maquillaje; usa los colores de moda que te queden bien; mantente informada para que siempre puedas aportar algo a las conversaciones y, sobre todo, muéstrate como *tú* eres, porque al final esa es tu mejor cualidad.

CAPÍTULO 3

Oprah, Chopra o bisturí: ¡todo se vale!

Seamos sinceras. Todas queremos ser flacas y ricas, no tener arrugas, realizarnos y sentirnos felices. Nuestras mesas de noche están colmadas de libros de autoayuda, y nuestras alacenas, de antioxidantes que prometen hacer desaparecer los dolores en las coyunturas. Facebook, Twitter e Instagram se han convertido en los *rehabs* gratuitos del alma.

Y es que a veces una frase ajena, colgada de una red social, puede hacer que tu día sea diferente. Esto demuestra cuán necesitadas estamos de palabras bonitas, de frases de aliento. Esos miles de *retweets* o *likes* que a veces veo al poner una frase escrita con el alma sólo me indican que nos levantamos buscando quién nos eche *pa'lante,* quién nos diga lo que no escuchamos en casa. Anhelamos esa palabra de amor y aliento que a lo mejor nuestra familia está callando y que, escrita por un extraño, puede cambiar nuestras perspectivas. Aceptémoslo. Nos hace falta ese empujoncito directo a nuestro corazón que nos haga salir de casa pensando que seremos capaces de lograrlo todo. Que podremos, al fin, ser felices.

Lecciones para llegar a los 50 con felicidad

Pero… ¿qué es lo que realmente me ha funcionado para llegar feliz a los 50? A mí me ha servido ver la vida de manera positiva… ¡aunque la situación esté color de hormiga brava! Aprendí a sacarle provecho a lo que *no* es tan perfecto. Siempre he pensado que nos pasan cosas divinas y cosas no tan divinas… Y ambas hay que encararlas con el mismo ánimo.

Las siguientes son lecciones de un gran valor que he aprendido en el trayecto y que deseo transmitirte.

1. Nunca veas lo que te pasa como algo malo

Lo veo todo como ese empujón que necesitaba para alcanzar mi próxima meta. Como una decisión que debí tomar antes y no me atreví a hacerlo en su momento. No hay que olvidar que el que no arriesga no progresa. Como dice una colombiana amiga mía: el que no arriesga un huevo, no saca un pollo.

2. Muchas veces el plan del universo es mejor que el nuestro

En ocasiones Dios, con su gran sentido del humor y su máxima creatividad, nos ve tan cómodos en nuestra vida que permite que sucedan cosas que nos hacen salir de nuestra zona de confort. Nos mueve el tapete. Nos jala la silla. Entonces no queda más remedio que salir a buscar lo que no nos atrevimos a hacer antes. ¿Y sabes qué? Aunque no lo creas, ¡hay que agradecer incluso eso!, porque te brinda la oportunidad de darte cuenta de lo que eres capaz de lograr y probablemente no actuabas por miedo o inseguridad.

3. No temas al riesgo

La mayoría de las personas le tenemos miedo al riesgo, a aventurarnos, actitud que empeora a medida que cumplimos años. Con la edad nos volvemos más precavidos. No quiero decir que no sea bueno ser cuidadoso, sino que a veces encallamos como un bote en un banco de arena y nadie nos mueve de ese "¿Y si…?" ¿El resultado? Pasan y pasan los días y nada hacemos por mejorar nuestra vida. Nada hacemos por cambiarla.

Cuando te ocurra algo que no sea agradable, piensa que lo que no es como queremos que sea, funciona como un verdadero factor motivador para realizar esos cambios que no nos atrevemos a emprender.

Por ejemplo, si te despiden del trabajo, en lugar de lamentarte, piensa que es posible conseguir otro empleo en el que podrían pagarte más y conseguir ese éxito que has estado esperando. Conozco a personas muy talentosas que no están conscientes de su valor y, por carecer de la seguridad requerida para seguir creciendo, se quedan varadas 20 años en el mismo empleo. Porque se sentían bien. Porque se sentían "en familia". Perdona, flor, si marchito tus pétalos, pero no tienes que quedarte paralizada en el mismo lugar esperando que algo suceda. ¡Ve y búscalo! Si bien es normal sentirte triste y agobiada, toma en cuenta que sólo tú manejas esa grúa que te sacará del hueco donde sientes que has caído.

Los trabajos no abrazan. No son familia. Son oportunidades que te da la vida para que mejores tus condiciones y tus capacidades. He vivido de cerca casos en los que después de 20 años de trabajar en una empresa ese trabajador ejemplar sale por la puerta grande... pero despedido.

4. Siempre busca oportunidades de seguir creciendo

No te acomodes en ningún lado. La directora operativa de Facebook, Sheryl Sandberg, tiene en una oficina un cartel con esta frase: *¿QUÉ HARÍAS HOY SI NO TUVIERAS MIEDO?* Yo te planteo una pregunta relacionada: *¿Qué has dejado de hacer por temor? Hoy puede ser el gran día en que te atrevas a hacerlo.*

5. No te *eches a morir* por la traición

Las mujeres tendemos a *echarnos a morir* por cosas que a los hombres parecen no importarles. Por ejemplo, traemos pintadas en la cara las desilusiones amorosas. No permitas, por ejemplo, que una traición te aniquile. Sí, ya sé lo que estás pensando y lo que me preguntarías si me tuvieras enfrente: "Bueno, Giselle, ¿y cómo se convierte un 'cuerno' en algo positivo?" Mi sugerencia es que respires profundamente y repitas siempre esta frase que ha sido una de mis favoritas: "Detrás de una situación que parece mala siempre hay algo bueno para mí".

Si te traicionan... piensa que la próxima persona que pase por tu vida te encontrará más fuerte. Llénate de valor, cambia tu *look* y ponte a dieta... ¡Supérate! Suelta ese cuchillo con el que te estás hiriendo: "La otra es más bonita, le hace mejor el amor, es más inteligente…" ¡Para ya! La otra pudo entrar en su vida porque tú no ocupabas todo el espacio. Entonces, la relación no era suficientemente fuerte para evitarlo. Ahí es cuando tenemos que aprender a ser egoístas: perdona y te liberarás de tus propias cadenas.

Considéralo bien. ¿Para qué quieres tener al lado a alguien que no te quiere?

6. Deja espacio para alguien más

Más adelante hablaré de cómo se vive el amor a los 50, pero mientras llego a ese punto, te comparto este aprendizaje: ese hombre que se va de nuestra vida le está dejando el lugar a otro que sí te merece.

Cuando mi mamá veía que una mujer sufría por un hombre y dejaba de hacer cosas por él, le decía: "El hombre es un botón mal 'pegao'. No desatiendas tus estudios, nunca te olvides de superarte por culpa de un hombre. Tampoco te hagas la vida de cuadritos por la inseguridad".

7. Aprende hasta de la muerte

Si se te muere alguien… "¿Qué de bueno puede haber en una muerte?", rebatirás. Te contestaré en primera persona: ¿qué me regaló mi madre con su muerte? El reconocer, o sea volver a conocer, a una persona que conocí toda mi vida. Darme cuenta de que hay que prestar más atención a los seres queridos. La vida pasa y nos perdemos sus mejores momentos. Con su partida, mi mamá me enseñó que tengo que estar más cerca y más pendiente de todos aquellos a quienes quiero.

No es que tenga que suceder algo así para que te intereses más en la gente que quieres. En absoluto. Es que cuando ocurre, eso mismo te sirve para aliviar la inmensa pena que deja su partida. Sí, hay que llorar y es de esperarse que nos pongamos tristes, pero también es importante pensar que esa persona que tanto amamos y se nos fue, no estaría feliz de vernos llorar sin consuelo y tiradas en la cama. Todos queremos ir al cielo, pero nadie quiere morir. Sin embargo, la muerte, amiga mía, es parte de la vida. Y nada hay mejor en la vida para curar heridas que vivir un día después de otro. Lo he comprobado.

Así que a ti, que hoy tienes este libro en tus manos, y que sufres la pérdida de alguien muy querido, prométele aquí mismo con tu mano sobre esta página (o sobre tu computadora) que intentarás ser más feliz por él o por ella. Créeme. Funciona.

8. Piensa y actúa en positivo

Comparto contigo una graciosa anécdota que describe mi actitud positiva. Una vez me llegó una carta del banco anunciándome que me habían reducido el crédito en una tarjeta. Recuerdo que estaba en la cocina, preparándole algo de comer a mis hijos, y me encontré hablando con Dios en voz alta:

—Dios mío... gracias por haberme reducido el crédito. Eso quiere decir que tengo que ahorrar más.

—¡¿Que qué?! —me respondí—. Giselle, estás loca. ¿Agradeces que te reduzcan el crédito?

De hecho, sí lo agradecí. En ese momento era lo que más necesitaba para asegurar mi futuro. Y Dios me apretó las tuercas con la llegada de ese sobre.

Otra vez, mientras trabajaba en *Despierta América*, dije al aire que mis ojos no eran lo alegres que quisiera que fueran, pero que a mí me gustaban. Una señora se acercó a agradecérmelo.

—Giselle, este día aprendí que en vez de criticar mis defectos, tengo que sacarles provecho —me dijo.

Es verdad. Todos los maquillistas que tocan mi rostro intentan alargar, subir o agrandar mis ojos. A mí me gustan mis ojos: caídos, lánguidos. Ellos reflejan lo que soy y les saco todo el provecho del mundo.

9. Apasiónate por la lectura

Cuando titulé este capítulo "Oprah, Chopra o bisturí: ¡todo se vale!", lo que quise fue dejar claro que, sin importar qué uses para subirte el ánimo, todo es válido (aclaración: siempre que su venta sea legal). A mí, por ejemplo, leer me ayuda mucho. Sé que también a ti te servirá, por lo que a continuación hago una relación de algunos de los libros y los autores que más aprecio:

a) Conversaciones con Dios, de Neale Donald Walsch. Este libro me lo regaló mi hija Andrea y me encanta. Yo soy absolutamente creyente y tengo la FE, así con mayúsculas, más grande del mundo. No importa la religión que tenga. Siempre creo que hay un Dios allá arriba que nos ayuda a salir de los problemas. Siempre sé que todo va a estar bien. Eso, querida amiga, se llama FE.

b) Varios libros de Paulo Coelho. Es mi autor preferido. Sus libros me hacen meditar sobre mi propia vida.

c) Varios libros de Brian Weiss. Me interesa mucho el trabajo de este famoso psiquiatra sobre hipnosis y regresión para descubrir científicamente que la reencarnación sí existe. *Lazos de amor* es un libro estupendo. ¿Que si creo en la reencarnación? ¡Claro que sí! Para mí tiene mucho sentido que arribemos a este mundo a mejorar como seres humanos, y que si aprendemos nuestra lección en cada vida, al regresar podremos enseñar y dar ejemplo a otras personas. No sé cuántas vidas tenga, pero con estos 50 años que llevo en ésta, ¡sí sé que he aprendido mucho!

d) Los dones de la imperfección, de la doctora Brené Brown. Éste es uno de los libros que más recomiendo. Leyéndolo aprendemos la importancia de fortalecer nuestra autoestima. Esta obra me ayuda a entender algo muy simple: que es perfecto no ser perfecto. Eso es lo que nos hace únicos y por eso nos convertimos en seres inolvidables en las vidas que tocamos. Las personas tienen que aprender a quererse. Si no nos queremos lo suficiente, no podemos querer a otros.

Algo que me ha ayudado a ser más feliz y a quererme más es darme cuenta de que no tengo que ser perfecta. Ese cuento que me inventé a los 20 lo borré de mi vida 30 años después. Fue como si me deshiciera de la carga de un piano que traía encima, porque en la medida en que descargué mis inseguridades y mis miedos, mi equipaje se hizo mucho más liviano y el viaje por mi vida terminó siendo mucho más cómodo.

e) Vayamos adelante (Lean In), de Sheryl Sandberg, directora operativa de Facebook. En este otro libro que tengo en mi mesita de noche, la autora nos dice cómo podemos convertirnos en líderes y cómo podemos lograr nuestros sueños. Ése es el tipo de lectura que nos recuerda que sí podemos salir adelante, y que cada vez hay más mujeres que inspiran. Y algo muy importante: que logran triunfar no sólo porque son aplicadas y talentosas, sino porque son fuertes.

f) Negotiating with Giants (Negociando con gigantes), de Peter D. Johnston. ¿Cómo se aprende a ser fuerte? Este libro me ha enseñado a serlo y me viene como anillo al dedo ahora que estoy entrando en el mundo de los negocios. Te confesaré algo: yo no tengo miedo, me impulso para avanzar, pero no soy una experta. Soy una luchadora. Y una tiene que prepararse y aprender cómo negociar con las personas que saben de negocios más que uno. En otras palabras, mi querida amiga: antes de lanzarte a nadar con tiburones, hay que aprender a nadar… Y aprender a conocer mejor a los tiburones.

g) I Hope You Dance (Espero que bailes), de Mark D. Sanders y Tia Sillers. Este libro me llega al alma y se lo recomiendo a todas mis amigas. El libro incluye un CD con una canción que la cantante Lee Ann Womack le dedica a su hija. En ella le dice que espera que nunca pierda la capacidad de maravillarse ante las cosas que ocurren en la vida, que siempre tenga fe cuando tenga momentos difíciles, que no se detenga, que siga adelante. Algo muy importante: le aconseja que siga teniéndole respeto y amor a Dios, sea cual sea. También le pide que, aunque se enamore y tenga una desilusión, continúe su camino. Esa canción convertida en libro llegó a mi vida de la manera más curiosa: fui con un grupo de amigos a Macarena, una discoteca de Miami Beach, y de pronto sonó la canción "Te traigo flores", de Fonseca, que me fascina. Un muchacho, que no tenía la menor idea de quién era yo, me sacó a bailar. Resultó tremendo bailarín. Al final me pidió mi número de teléfono y le dije que no podía dárselo. Él me dio el suyo y nos despedimos con la promesa de que yo le llamaría.

Después de dos semanas recibí un sobre en mi casa. Al abrirlo, ¡sorpresa!, allí venía el libro y una escueta dedicatoria que decía: "Para Alba (el nombre que le había dado). De Macarena". Y ponía al lado un número de teléfono. No sabía de quién se trataba, hasta que recordé a este muchacho. Busqué el número que me dio y descubrí que era el mismo que aparecía en la tarjeta. ¿Cómo supo mi dirección? Es una historia larga. Trabajaba en una agencia de venta de automóviles donde yo le compré el carro a mi hija y se dio a la tarea de investigarme. Con el tiempo nos convertimos en buenos amigos.

10. Comparte lo que aprendes

Toda la gente que pasa por tu vida tiene un propósito. Este chico, sin saberlo, me regaló la canción que es la banda sonora de mis hijos y mía porque resume todo lo que siempre he querido decirles en la vida.

Y es que la cosa no paró ahí. El día que lo recibí, me puse a leerlo y después de escuchar la canción, decidí regalárselo a mis hijos. Escogí el siguiente Día de las Madres para hacerlo.

Esa mañana mis tres niños vinieron a mi cama con un desayuno hecho por ellos y les dije:

—Este año yo soy la que tengo un regalo para ustedes. Quiero dárselos a los tres, que me dieron la bendición más grande que he tenido en la vida: ser madre. Este libro es algo que quiero que guarden para siempre y se lo pasen a sus hijos.

Así fue como *I Hope You Dance* se convirtió en nuestro libro y nuestra canción. Cada vez que la oyen, donde estén, me escriben. En el amor no importa la distancia ni el tiempo.

Hay una parte de esa hermosa canción que dice: "Si mañana despiertas sin fe y cansada de este mundo, llámame". En eso quiero que confíen mis hijos, en que siempre estaré disponible para ellos, estemos donde estemos. Esa certeza de que me tendrán siempre les da seguridad.

Un consejo para ti

No te olvides de construir recuerdos. Cuando el tiempo pasa, se convierten en la escalerita que siempre te lleva de vuelta a la felicidad.

11. Cuida tu cuerpo: una villana llamada cortisol

Para las cincuentonas como yo, y tal vez tú, mi amiga, el alma debe ser tan importante como el cuerpo. Hablemos *a calzón quitao*. Cuando llegamos a ese número, la gente no nos felicita por lo bien que criamos a nuestros hijos, ni por todo lo que hemos hecho en nuestra carrera. Lo primero que nos dicen es lo bien que lucimos para tener 50: "Qué bien te conservas"… ¡como si fuéramos unas momias!, o lo mal que llegamos a las bodas de oro de nuestra vida.

A los 50 la mayoría de las mujeres somos un saquito de hormonas revueltas a las que por estrés nos ha crecido la barriga. La culpable es una hormona maldita llamada cortisol, que liberamos y que nos hace acumular grasa en esa zona y en los muslos. El cortisol es como la villana del cuento que nos vuelve gordas. Infórmate y contrarréstala lo más posible, para lo cual te recomiendo que sigas los consejos que te doy más adelante.

12. Cuídate para escuchar la pregunta: "¿De veras tienes 50?"

Los 50 es la edad en que las cositas empiezan a caerse, la edad en que nos entra el mal genio y los sofocos, y la edad en que ya se nos pierde entre los senos aquel lápiz que a los 20 se escurría fácilmente entre ellos.

Resumiendo, como ya te mencioné, a los 50 lo que no crece, se cae. Por consiguiente, hay que tomar medidas. Las que hagan falta.

En mi caso, la presión es doble. Como sabes, trabajo en un medio en el que todo gira alrededor de la apariencia. Entonces, la noticia de que Giselle llegó a los 50 siempre viene acompañada de la pregunta: "¿Y cómo hace ésta para no lucir de 50?"

De la cirugía plástica hablaré más adelante. De mi cuerpo, ahora mismo. No soy muy amiga de matarme de hambre o agotarme haciendo ejercicio. No me gustan las dietas estrictas que te limitan porque al final, cuando uno vuelve a la rutina anterior, engorda más. La mamá de Enrique Iglesias, Isabel Preysler, una de las mujeres más elegantes que he visto, siempre dice que no hace dieta. Que cuando come, come rico, y si siente que el pantalón le queda más ajustado, se cuida de abrir la boca y todo vuelve a la normalidad. Yo he seguido su consejo.

Creo en la importancia de tener conciencia de lo que uno come. Mis debilidades más grandes son el helado de chocolate con *brownie* y malvaviscos y, por supuesto, mi postre favorito, fresas con crema. Con sólo escribirlo se me hace agua la boca. Cuando me dan ese postre siempre me pregunto: "Pero ¿esto está tan rico como para no importarme las 500 calorías que voy a echar a mi cuerpo?" Muchas veces, la razón gana; otras, no.

Yo no evito los placeres de la vida. He aprendido que todo debe hacerse con moderación y no me privo de nada. Eso sí, tengo que seguir haciendo confesiones.

Confieso, por ejemplo, que he hecho mis sacrificios para animar alfombras rojas. Pero durante ese mes anterior a la fecha de los eventos, en que no cometo ningún pecado, me preparo para el gustazo que me voy a dar en cuanto se entregue el último premio. Le echo el ojo a un pastel de queso y le digo: "Prepárate, *cheesecake*, porque saliendo de estos premios, te comeré". Y esa misma noche le hinco el diente.

13. Sigue una dieta: ésta es la que me funcionó

La dieta que me ha funcionado es muy sencilla.

▸ *Por la mañana.* En la mañana hay que cuidarse. Desayuno yogur *light*, granola natural y arándanos. Preparo claras de huevo con jamón de pavo y vegetales. Le pico bastante cilantro, le echo salsa Tabasco verde, que le da un sabor divino, y lo acompaño con una tostadita de pan integral. (No como muchos alimentos fritos, excepto cuando voy a Puerto Rico, cuando me doy gusto con una alcapurria, que es una fritura de plátano y yautía o yuca rellena de carne molida.) Otra opción es preparar carne de pavo molida con cilantro y cebolla. La hago con aceite en aerosol en una sartén. Le pongo clara de huevo y salsa Tabasco verde. ¡Queda como para chuparse los dedos!

▸ *Refrigerios.* Creo que uno debe comer de cinco a seis veces al día. Tengo la suerte de que me encanta el pepino, excelente para un refrigerio. Me gusta la comida saludable: las barritas de proteína, la gelatina de Weight Watchers o ligera, un helado de chocolate bajo en calorías. En general, me cuido sin hacer una tremenda dieta.

▸ *Almuerzo.* Para el almuerzo me encanta el ceviche con una ensalada. O pollo a la plancha. O pasta. La salsa para pasta que menos me gusta es la Alfredo; y qué bueno, porque es la que más engorda. He aprendido a hacer mi salsa para los espaguetis. Facilísima y deliciosa. Los ingredientes son tomate, cebolla, albahaca y mantequilla. Lo dejo sofreír un buen rato y después le pongo sal y pimienta. Le echo a la salsa pedacitos de pollo al *grill*. Mis espaguetis quedan deliciosos. Después, como postre, una manzana verde.

▸ *Por la noche.* En la noche, me preparo una porción de salmón al horno con tomates *cherry* alrededor, limón, sal y pimienta. Le pongo al lado una ensalada verde ¡y listo!

El secreto es comer de todo con moderación. No tienes que ser esclava de la báscula, pero ella sí debe ser tu cómplice. Sobre todo para que te mantengas con buena salud, para que te veas bien y tengas una autoestima saludable. Cuanto más feliz te sientas contigo, más felicidad podrás regalarle al mundo.

Otra confesión que tengo que hacer es que soy extremadamente vaga o perezosa para hacer ejercicio. Mi entrenador se las ha ingeniado para preparar una rutina diferente para mí todos los días. Como me aburro fácilmente, debo ser creativa para motivarme y entusiasmarme.

Si eres como yo, busca ideas diferentes de rutinas para vagas. A mí, por ejemplo, me encanta caminar rápido; pongo música con diferentes ritmos y puedo caminar una hora. Cuanto más cardio (ejercicio cardiovascular) hagas, más rápido bajarás de peso.

Si eres vaga como yo y no te alcanza el dinero para el entrenador, tú tranquila. Invéntate tu propia rutina.

♻ *Recomendaciones para tu rutina personal*

1. Busca una ruta nueva para caminar a casa.
2. Usa la escoba para subir y bajar los brazos con ella.
3. Baja y sube 100 veces la escalera. Si no tienes tiempo para hacerlo, levántate una hora más temprano y hazlo.

♻ *Mi rutina para vagas, por mi entrenador José Fernández, autor de* Salvando vidas:

¿Qué puedo decir de Giselle? Es una de esas personas que tan pronto se cruza en tu camino, quieres que se quede contigo para siempre: por ser tan buena amiga, tan sincera, con una luz tan brillante y única que te ayuda a resplandecer igual que ella, en vez de opacarte. Es una mujer profesional, exitosa en todo lo que hace; para ella no hay meta inalcanzable, sino mentes invadidas de excusas.

Me siento muy afortunado y bendecido de ser su nutricionista y entrenador personal, pero sobre todo, por considerarme su amigo.

Bueno, basta ya de tanta cursilería y entremos en materia. Con una agenda tan apretada como la de Giselle —¡en verdad nunca para, es impresionante!—, ella siempre trata, en la medida de lo posible, de hacer tiempo para ejercitarse y dejar que en su alimentación prevalezca siempre lo saludable. Aunque lo que mejor cumple son los días de "*cheatmeal* o comida trampa"... aprendió que todo es un equilibrio y que puede darse sus gustos de vez en cuando sin privarse de nada.

"¡Soy negada para el ejercicio!" Si eres de las personas que piensa así… tranquila, no eres la única. Para ustedes hay muy buenas noticias; recuerden que todas las situaciones, por malas que parezcan, tienen un lado positivo.

Hemos diseñado una rutina (sí, *hemos*, porque Giselle me ha ayudado a elaborar la que vas a hacer únicamente tres días a la semana, y no sólo eso: cada ejercicio durará 30 segundos y serán tres repeticiones de cada serie; lo que quiere decir, que en total harás nueve minutos (descansando de uno a dos entre cada serie). No es broma, son nueve minutos que harán que tu cuerpo sea el de una "vaga en plena forma" (*vaga fit*, como yo las llamo).

Como verás no es necesario inscribirte en un gimnasio ni comprar aditamentos costosos para mantenerte en forma.

Giselle, por ejemplo, le brinda a su cuerpo la actividad física que requiere tres días a la semana, dejando los martes y los jueves para cualquier ejercicio cardiovascular que guste (caminar, nadar, trotar, *spinning*, o cualquier otro); y lo mejor de todo esto es que una vez finalizada la rutina, deja su metabolismo acelerado, quemando grasa durante el resto del día. ¿Ya ves que no todo en el ejercicio es "color de hormiga brava", como dice Giselle? Prueba esta rutina y luego nos cuentas.

Algo que quiero acotar es que no creas que esta rutina es milagrosa. Recuerda que 90% de un cuerpo en forma y de una vida saludable es la alimentación. Hacer ejercicio sin alimentarse saludablemente y buscando resultados positivos, es como querer adelgazar comiendo pizza todos los días, es decir, ¡una pérdida de tiempo!

Veamos ahora la rutina:

Lunes

Salto de cuerda:

Toma los extremos de la cuerda y gira tus muñecas hacia delante para que la cuerda se mueva por encima y por debajo de tu cuerpo. Cuando pase por debajo, da un pequeño salto sobre la punta de tus pies.

30 segundos

Toca las puntas de los pies:

Parada con los pies separados, eleva una de tus piernas hasta que esté a la altura de tu cadera; al tiempo que la elevas, trata de tocar con la mano contraria la punta de ese pie. Ahora repite el ejercicio con la otra pierna.

30 segundos

Leñadores:

3

Parada con los pies separados, eleva una de tus piernas hasta que esté a la altura de tu cadera; al tiempo que la elevas, trata de tocar con la mano contraria la punta de ese pie. Ahora repite el ejercicio con la otra pierna.

30 segundos

Saltos laterales:

De pie y con las piernas ligeramente separadas, brinca de lado a lado con las manos a la altura del pecho. Al aterrizar flexiona ligeramente las rodillas. Efectúa las repeticiones lo más rápido que puedas.

4

30 segundos

Sentadillas:

5

Parada con las piernas abiertas a la altura de los hombros, flexiona las rodillas para que tu cuerpo baje hasta que tus muslos queden paralelos al piso.

30 segundos

Plancha:

Colócate boca abajo en el piso, apoyada sobre las palmas de tus manos con los brazos estirados, las puntas de tus pies y la espalda rectas. Flexiona los brazos y baja el cuerpo hasta que tu pecho casi toque el piso. Estira nuevamente los brazos.

30 segundos

Miércoles

Jumping jacks:

Erguida, con los pies juntos y las manos a los costados, da un salto sin desplazarte. Al caer abre las piernas y levanta los brazos hasta que las manos casi se toquen por arriba de tu cabeza.

30 segundos

Press de hombro:

De pie, toma un par de mancuernas, colócalas a los lados de tu cabeza con los codos flexionados y las palmas de las manos hacia el frente. Estira los brazos y sube las pesas en línea recta hasta que tus brazos queden casi rectos.

30 segundos

a)

b)

Jumping jacks:

3

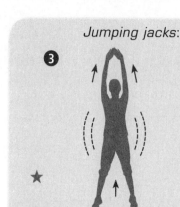

Repite el primer ejercicio.

★

30 segundos

Levantamientos laterales:

4

Párate sosteniendo dos mancuernas a la altura de los muslos, las palmas viendo hacia tu cuerpo y las piernas ligeramente abiertas. Sube los brazos hacia los lados hasta que queden a la altura de los hombros.

a)

b)

30 segundos

Jumping jacks:

5

Repite el primer ejercicio.

30 segundos

Levantamientos frontales:

De pie, toma dos mancuernas a la altura de tus muslos, con las palmas en dirección a tu cuerpo. Levanta las pesas hacia el frente sin doblar los brazos hasta la altura de tus hombros.

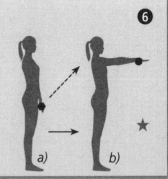

a) b)

30 segundos

Viernes

Salto de cuerda:

Toma los extremos de la cuerda y gira tus muñecas hacia delante para que la cuerda se mueva por encima y por debajo de tu cuerpo. Cuando pase por debajo, da un pequeño salto sobre la punta de tus pies.

30 segundos

Sentadillas:

Parada con las piernas abiertas a la altura de los hombros, flexiona las rodillas para que tu cuerpo baje hasta que tus muslos queden paralelos al piso.

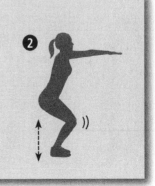

30 segundos

Martillos:

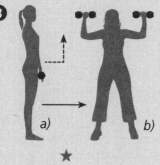

3

a)

b)

Toma dos mancuernas con las palmas viendo hacia tu cuerpo. Párate con las pesas a la altura de los muslos y súbelas doblando los codos.

★

30 segundos

Flexión de piernas recargada en la pared:

Apoya tu espalda en la pared y flexiona las piernas hasta que tus muslos queden paralelos al piso. Estira tus brazos hacia el frente y aguanta en esa posición.

4

30 segundos

Curl de bíceps:

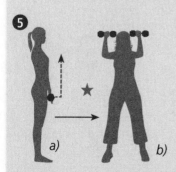

5

a)

★

b)

De pie, toma dos mancuernas a la altura de tus muslos, con las palmas viendo hacia ti. Flexiona los codos y lleva las pesas hasta la altura de tus hombros; al subir las pesas gira tus muñecas hasta que las palmas queden a la altura de tus hombros.

30 segundos

Medio *squat* corto:

Párate en la posición baja del *squat*; de ahí, baja los glúteos lo más que puedas y regresa a la posición inicial.

❻

★

30 segundos

Para finalizar con los consejos de José, y como soy tan buena gente (modestia aparte), aquí les dejo de regalo el complemento perfecto para que acompañen la rutina de ejercicios: unos *tips* para que lleven a cabo una alimentación saludable, tener un cuerpo en forma, una vida activa y llena de salud. ¡Y no olviden que no se trata dejar de comer, sino de aprender a comer!

> Haz cinco o seis comidas al día para mantener tu metabolismo acelerado.
> Toma de ocho a 10 vasos de agua diarios (1.5 a 2 litros)
> Condimenta tus comidas con sazonadores sin —o bajos en— sodio y sal.
> Reduce el consumo de bebidas alcohólicas y de comida rápida/chatarra.
> Consume una porción de proteína en todas tus comidas (pollo, carne, pescado, huevo, tofu, pavo, etcétera).
> Consume la mayor cantidad de vegetales que puedas al día.

- No vayas al mercado con hambre.
- Consume carbohidratos sólo en tus primeras dos o tres comidas del día.
- Evita la comida frita, procesada, las harinas refinadas y las grasas malas (grasas trans y saturadas).
- Duerme de seis a ocho horas diarias. Descansar es muy importante.
- Hazte amiga de la cocina y prepara tus propias comidas.
- Organízate y verás que la falta de tiempo será sólo una excusa.
- Cree en ti, acepta y ama el cuerpo que tienes mientras trabajas por el que quieres.

15. Quiérete como eres

Una de las mejores cosas que le puede pasar a una mujer a sus 50 años es quererse tal cual es. Aceptar de buen grado sus defectos y sus virtudes. Eso es lo más parecido a la completa felicidad. Eso es estar segura de sí misma.

Hoy, a mis 50, me gusto como soy. Con mis cosas buenas y las que no son tan buenas. Constantemente pienso en cómo puedo sacar provecho de las situaciones para hacerlo mejor después. Para que luego, cuando pase el tiempo y mire hacia atrás, sea mejor esposa, mejor ser humano, mejor mamá, mejor hija y mejor amante.

¿Que cómo nos hacemos mejores amantes? Eso y lo que ocurre cuando se ama en la menopausia te lo cuento... después de una pausa.

Para no olvidar, mi amiga

✓ Elabora tu lista de frases que te suban la moral. Al final de este libro encontrarás la mía. (No sólo para subir tu moral, sino también la de tus amigos.)

✓ Siempre saca lo positivo de todo lo malo o no tan bueno que te esté sucediendo.

✓ Arriésgate a todo. El que no arriesga, no gana.

✓ No te quedes atorada por miedo en el mismo lugar.

✓ Busca siempre cómo crecer en lo profesional y en lo espiritual.

✓ Si sufres por amor, piénsalo dos veces. El amor no debe significar sufrimiento.

✓ Construye recuerdos con las personas que te rodean.

✓ Si tienes síntomas de la menopausia, busca ayuda médica.

✓ Incluye el ejercicio en tu rutina de vida y aprende a comer de manera saludable. Recuerda que eres lo que comes.

CAPÍTULO 4

Entre sofocos, despistes y decisiones

De sofocos

Lo diré de una vez. No me ha llegado la temida menopausia. Hasta hoy no he tenido problemas hormonales y sigo con el mismo interés sexual. Pero, aunque no la he experimentado en carne propia, sí la he vivido de cerca y estoy más que lista para que en cualquier momento me sorprenda el sofoco. Sólo espero que los sudores no me empiecen frente a una cámara de televisión, ni en una reunión de negocios… ¡Mucho menos en una cita de amor!

Mis amigas lo describen como un calor que llega de pronto. Entra por la cara y va bajando por el cuerpo, recorriéndolo todo a la velocidad del rayo. Al final dicen que te deja exhausta y empapada en sudor. Algo así como si los años te derritieran.

En términos científicos, la menopausia no es más que el final de nuestro periodo menstrual. Si lo vemos desde el lado positivo, para muchas de nosotras sería el momento perfecto para tener sexo sin pensar en bebés, sin preocuparnos por quedar embarazadas. El tiempo para comenzar el ahorro en tampones y toallas sanitarias.

Esto debería suceder a los 51 (¡me falta uno!), pero hay quienes comienzan a sentir los síntomas a los 40 y cuentan que ella, doña Menopausia, es una maldita villana que entra a tu vida con un único y claro propósito: fastidiártela.

Es cuando vienen los cambios de humor, los calores y la resequedad que convierte el acto sexual en una incómoda experiencia.

¿Mi consejo? Corre donde tu ginecólogo y hazle todas las preguntas posibles. Pídele que te explique los pros y los contras de la terapia de remplazo hormonal. Contempla esta etapa como un renacer en el aspecto sexual. Recuerda siempre que tenemos el poder de cambiar las cosas negativas y volverlas positivas. Por eso hay que estar enteradas de los problemas, como el aumento de grasa en el estómago y los dolores de huesos por falta de calcio, y buscar las maneras de solucionarlos.

De despistes

Sé que gracias a esta villana empezamos a olvidar las cosas más sencillas. Sí, querida amiga, la malvada menopausia esconde llaves y cambia de lugar las gafas. Eso sí lo he vivido y lo llamo despiste.

¿Herencia?

Esa característica de olvidar nombres, confundir personas y dar diez mil vueltas perdida en el mismo sitio me viene de familia. Y por parte de padre. Mi tía Wanda, su hermana, muy famosa en la familia, contaba que al llegar a una boda felicitó efusivamente al orgulloso padre de la novia:

—Felicidades por su hija, se ve preciosa. Todo tan de buen gusto. Se debe sentir usted muy orgulloso.

El señor, sin inmutarse y con ese sentido del humor que tenemos los caribeños, se dio la vuelta y le dijo entre serio y resignado:

—Señora, ya déjese de tanta emoción que yo soy el chofer de la limosina.

Mi tía Wanda ya está en el cielo. Espero que haya reconocido a san Pedro o que por lo menos haya recordado su nombre.

En una entrevista

Los despistes son algo serio. La primera vez que entrevisté a Óscar de la Renta olvidé cómo se llamaba. Y aunque nadie lo notó, pasé gran parte de la conversación, frente a las cámaras, luchando porque vinieran a mi mente su nombre y su apellido. Y así fue. En medio de la entrevista, de pronto lo recordé y me dio tanta alegría que, sin tomar en cuenta que había una cámara grabando, en plena conversación le grité a todo pulmón:

—¡Óscar de la Renta!

Y él, ese caballero ejemplar, dominicano, elegante y distinguido, me dijo muy amablemente, aunque un tanto asustado al escuchar su nombre salir a grito limpio de mi boca:

—¡Sí! ¿Dime…?

Si bien mi vergüenza fue mayúscula, nadie la notó. Seguí con la entrevista como si nada hubiera pasado y Óscar seguramente se enterará de mi despiste si algún día tengo el honor de que lea este libro.

Una vez, mientras trabajaba en *Despierta América*, salí a darle la bienvenida a un cantante y lo felicité por el éxito del que gozaba en ese momento. Aunque lo noté algo reservado, pensé que era tímido como son la mayoría de los famosos. De pronto, uno de los productores interrumpió mi animada conversación y me presentó al cantante. Sí, leíste bien, al cantante. Resulta que todo ese rato había felicitado al asistente del cantante, que era quien le llevaba la guitarra y que seguramente nunca olvidará los cinco minutos de fama que le di gracias a mi despiste.

Mis 50 años están salpicados de anécdotas como éstas. He entrado a bautizos de niños que no conozco y he rezado en velorios de muertos a quienes nunca vi. Le cambio el nombre a la gente, entro por las puertas de salida… y, lo peor, le he dado la llave de mi auto a alguien para que lo estacione pensando que era el valet, ¡y resultó que era un médico que pasaba por allí! Lo que es indudable, es que me divierto bastante.

En un avión

En una ocasión, antes de la tragedia del 11 de septiembre de 2001, subí a un avión en el que no encontraba mi puesto. Pensaba: "¿Cómo es que tengo el asiento 1A y este avión comienza en la fila 3?"

Me apena hacer quedar mal públicamente a la seguridad del aeropuerto, pero nunca nadie revisó mi pase de abordar y terminé montada en un avión que no era el mío… No sé cómo pasó, ni cómo atravesé corriendo el aeropuerto hasta llegar a otra puerta donde sí estaba el avión que me correspondía.

Cuando trabajaba en *Nuestra Belleza Latina* siempre me mandaban acompañada porque los ejecutivos de producción me conocían tan bien que temían que nunca llegara a mi destino. Un día viajé sola a Los Ángeles y tuve tantas dificultades para encontrar un *shuttle* aéreo que iba a Palm Springs, que pensé que nunca llegaría. Al preguntar dónde quedaba esa terminal, descubrí que ya habíamos pasado tres veces delante de ella. Por poco pierdo el vuelo.

Algunos dicen que mis despistes son falta de atención. Otros aseguran que a veces tengo tanto en la mente que esa parte del cerebro que debemos conservar clara para recordar nombres y apellidos, o pensar dos minutos antes de felicitar al chofer de la limosina como mi tía, la tengo ocupada pensando en el próximo proyecto o atorada en cualquier preocupación. Es muy probable que esto te suceda a ti también. Una de las razones por las que quise escribir este libro fue para contarte cómo es la vida real de una madre soltera, cincuentona y trabajadora.

Una vez leí que 80% de las cosas por las que nos preocupamos nunca nos ocurren en realidad. Y a mis 50 años, de verdad, debo admitir que todas esas cosas que tenía en mi mente y que me preocupaban tanto por pensar que me ocurrirían, nunca llegaron a sucederme, gracias a Dios.

De decisiones

Justo cuando cumplí los 50 terminé de trabajar en *Nuestra Belleza Latina* para comenzar una nueva etapa en mi vida. Siempre me ha gustado asumir riesgos. No creo que en momento alguno haya dejado de hacer cosas porque me lo impidiera el miedo. Como tengo tanta fe y buena intuición, según considero, siempre he podido salir adelante.

Siendo muy joven dejé Puerto Rico y vine a Estados Unidos, donde trabajé ocho años en *Despierta América*. Siempre busco algo nuevo porque mi mente no para de crear. Así fue como, después de hacer *Nuestra Belleza Latina* durante siete años, llegó un momento en que decidí hacer otras cosas.

No olvidaré esos siete años que me dieron tanta felicidad. Me fascinó ser cómplice de esas chicas. Atestiguar cómo han crecido. Hoy, cuando veo a Alejandra Espinoza en *Sábado Gigante*, o a Ana Patricia González en *Despierta América*, siento que el crecimiento de ellas enciende de nuevo mi felicidad por haber sido parte de ese sueño. Por haberlas conocido en una audición cuando sólo traían sus ganas de triunfar. Ahora, no sólo lograron coronarse, sino demostrar al mundo que esas ganas rindieron frutos, y grandes.

Pero la vida sigue y a mí nadie me detiene, aunque ya tenga 50 años.

¿Que si me dio miedo tomar la decisión de salir de *Nuestra Belleza Latina*? ¡Claro que sí! Cuando somos jovencitos no le tenemos miedo a nada y nos lanzamos al agua sin pensar en los tiburones, pero conforme pasa el tiempo nos ilustramos y descubrimos que hay muchos animales abajo; entonces, empezamos a sentir miedo por la presencia de los escualos… Y el agua se va enfriando. Pero yo, una vez más, ¡me atreví a lanzarme al agua!

Ahora me estoy atreviendo a hacer cosas que nunca hice antes. Ser productora ejecutiva de mi propio *show*, por ejemplo. Tengo la experiencia de trabajo de 36 años en este medio, pero nunca he sido productora ejecutiva. Estoy segura de que puedo hacerlo. Soy muy creativa y ese ámbito es donde mejor me desenvuelvo. Quiero que mi *show* sea una mezcla de los de Ellen y Oprah. Ellen me gusta por su espontaneidad; veo la vida como ella y pienso que, como dicen, entre col y col siempre debe haber lechuga. Y quiero que el *show* tenga el toque de Oprah, una mujer que, siendo parte de una minoría, ha logrado imponerse en una industria tan difícil y ser exitosa. Me encanta la idea de evidenciar el poder que tenemos los latinos en este país. Estoy convencida de que los latinos debemos fortalecer nuestra autoestima como comunidad para demostrar lo que somos capaces de conseguir.

Siempre quise ser empresaria y tener un programa de televisión en el que pudiera producir y actuar a la vez. A lo largo de mi carrera, en todos los proyectos en los que he estado envuelta, me ha apasionado la producción. Quienes han trabajado conmigo saben que no soy de las que sólo salgo y leo un *prompter* delante de una cámara. Me gusta dar ideas, crear estrategias y estar enterada de todo para poder aportar más. Te recomiendo de corazón que hagas lo mismo en cualquier medio en que te desenvuelvas como profesional. Cuanto más conozcas cómo funciona tu trabajo, mejor será tu desempeño.

Consejos para arrancar tu propio negocio

Los importantes sucesos recientes de mi vida me han enseñado cuál es la mejor manera de arrancar un negocio propio. A continuación presento algunas recomendaciones.

1. Rodéate de personas que sepan y atrévete

Forma un buen equipo. Yo puedo decir que he integrado un gran equipo de trabajo. Tengo unos *managers* que mejor, imposibles; que me apoyan ciento por ciento.

2. Planifica y atrévete

Me atreví a emprender la aventura de mi nueva etapa profesional con todas las dudas propias de la primera vez, pero con la certeza y el valor de que si no me decidía ahora, nunca sabría cómo sería.

A veces pienso que estoy loca porque en estos momentos, cuando se suponía que estaría más relajada, decidí involucrarme en más proyectos. Porque resulta que es ahora, a mis 50, cuando tengo más planes profesionales. Y cada vez que me asalta una duda (lo cual es inevitable, por la responsabilidad que asumo, por mis hijos y por tantas cosas que tengo que cumplir), y esa duda se vuelve preocupación, me digo: "Ya no más dudas ni pensamientos negativos. Sigo enfocada, hacia adelante, e invierto toda mi energía para visualizar qué ocurrirá en todo lo que haré. Todo tiene su tiempo".

3. No te apresures

Si bien ardo en deseos de tener mi propio *show,* y quizá cuando tengas este libro en tus manos ya el programa esté al aire, también practico aquello de "vísteme despacio que voy de prisa". Estoy loca de ganas de ver el *show* en la pantalla, pero en tanto las condiciones no sean las adecuadas, prefiero esperar. ¿Cuáles son las condiciones adecuadas? Las que yo pienso que deben ser.

4. Nunca te conformes con menos de lo que quieres y diversifícate

No te conformes con menos ni te dejes convencer para salir rápido de una situación. Persevera hasta las últimas consecuencias.

Además del proyecto del programa, estoy lanzando mi línea de joyas y ropa de cama Gi by Giselle Blondet con Walmart. Ahora conozco mucho mejor a nuestra gente y sé cuáles son sus necesidades. Porque todo tiene una razón de ser. Las joyas tienen el símbolo de la libélula. Para mí, la libélula significa el cambio que se produce cuando uno tiene la madurez necesaria para tomar las decisiones correctas.

Quiero que cuando las mujeres se pongan esas joyas, que son súper económicas y emulan a las que usan las grandes estrellas, recuerden también que, al igual que las libélulas, ya tienen la madurez para tomar las decisiones correctas. En cuanto a la ropa de cama, ésa es otra de las aventuras en las que participo, porque quiero que la gente duerma bien. Está comprobada la importancia de las ocho horas de sueño en la vida de una persona. Se sabe que cuando una persona duerme bien, toma mejores decisiones y está más alerta. En pocas palabras, vive más feliz.

5. Dedícate y alcanza tus objetivos

Estoy completamente dedicada al proyecto. Quiero servir de ejemplo a todas las mujeres y en especial a mis hijos.

Lo mismo puede suceder contigo. Sea cual sea tu edad y tengas tres o 10 hijos, si estás divorciada, soltera o casada, puedes obtener resultados importantes en tu vida.

6. Fíjate metas realistas

Es necesario que nos fijemos metas realistas. Yo quiero mostrar que sí se puede. Que los 50 no es el momento de retirarnos. Si eres como yo y permanentemente actúas como hormiguita brava, quiero que sepas que vale la pena actuar con empeño, perseverancia, constancia y tocar puertas todas las veces que haya que tocarlas. Tú lo puedes lograr.

7. Ayuda cuanto puedas

En el futuro quiero dar charlas motivacionales; no sólo para mujeres de mi edad, sino para jovencitas a quienes yo pueda inspirar, quienes después de escucharme o de leer mi libro, puedan decirle a su propia madre: "Así, mami, es como te quiero ver, como Giselle, agradecida por todo lo que recibes todos los días, con las pilas puestas y sin pensar en darte por vencida".

Si consigo que después de leer este libro una sola persona me escriba y me diga: "Me motivaste, logré salir adelante de una desilusión; tenía la meta de montar mi propio negocio y lo logré", seré la autora más feliz del mundo.

8. No pierdas la fe, obtendrás buenos resultados

Todo lo que estoy haciendo ahora, ya que cumplí 50, es algo que he soñado durante años. Dios es maravilloso. Nunca dejes de confiar y tener fe en que vas a lograr tus anhelos. Todos estos proyectos que ahora son una realidad en mi vida no son más que el resultado de una larga espera en la que nunca perdí la fe.

9. Elige el momento y prepárate

En este momento he tenido tiempo para estar pendiente de cada detalle. Antes, estando de lleno en la televisión, no habría podido dedicarle ciento por ciento de mi atención a este proyecto. No habría encontrado las horas para dedicarme con el empeño que puedo invertir en esta etapa de mi vida en la que sé exactamente lo que me gusta, lo que no me gusta y el mensaje que quiero transmitir.

Esto lo recalco para que siempre recuerdes que los tiempos de Dios son perfectos. Nada sucede antes o después. ¿Cuántas veces nos acostamos y damos vueltas en la cama sin entender por qué no ocurre eso que tanto deseamos? Créeme que seguramente lo que tanto anhelas no te ha sucedido porque no ha llegado el momento perfecto. Y en vez de quejarte y llorar como una víctima porque lo que quieres no llega, piensa qué es lo que te hace falta para lograr que se realice.

10. Lucha por lo que te gusta y mereces

En esta nueva etapa como empresaria he confirmado que las mujeres tenemos que aprender a luchar por lo que nos gusta, y convencernos de que sí lo merecemos. Muchas veces nos convertimos en nuestras propias saboteadoras. Nos persuadimos de que nunca tendremos esa casa con la que tanto soñamos. O de que nunca podremos estudiar esa profesión que desde niñas quisimos para poder tener ese trabajo que tanto nos gusta.

Porque tú lo vales...

Lo que más me gustó cuando L'Oréal me propuso ser su portavoz fue su lema: "Porque tú lo vales". Las mujeres tenemos que quitarnos las culpas de encima y alimentar nuestra autoestima pensando en que sí podemos lograr todo. Y cuando digo todo, es todo. Te hablo con absoluta sinceridad: los caminos hacia el éxito no son fáciles. Están llenos de piedras que hay que eliminar poco a poco, de desvíos, de obstáculos… Lo importante es aprender a retirar las piedras sin dejar de enfocarnos en el destino, ir con cuidado en los desvíos, tener paciencia con los obstáculos que nos impiden avanzar y, sobre todo, mantener muy abiertos los ojos para encontrar los atajos.

En mi opinión, la visualización es vital para conseguir lo que queremos. Sigue estos tres pasos y verás.

1. Haz una lista de las cosas que quieres conseguir. Establece metas reales, escríbelas y mantén esa lista en un lugar visible para tenerlas presentes constantemente.
2. Agradece de antemano por haberlas conseguido. Si quieres, por ejemplo, comprar una casa, agradece a Dios todos los días por permitirte vivir en la casa de tus sueños.
3. Convéncete de que lo que anhelas sucederá. Si pasa por tu mente, pasa por tu vida.

Cuando más convencida estaba de que las mujeres valemos mucho, L'Oréal me propuso que fuera su portavoz. Justo estaba quejándome de unas canitas (hay unas imposibles de ignorar), cuando me llamaron para ver si me interesaba el proyecto. L'Oréal se acercó a través de mi agencia y me hicieron una muy buena oferta. Tengo que confesar que mi primera cana apareció a los 30, pero realmente cuando me atacaron con toda la fuerza fue durante los últimos meses. Así que tuve la suerte de que L'Oréal, que justamente cubre las canas por completo, me cayera como anillo al dedo. Y como me gusta hacer cosas en las que realmente creo, acepté.

El secreto de mantenerse en este negocio, uno de los grandes secretos, es ser honesto. Presentarte como eres, con tus virtudes y con tus defectos. Lo primero que les dije cuando me plantearon la oferta era que tenía que probar el producto porque no podía promover un producto en el que no creyera. El respeto que le tengo a la gente hace que sea muy cuidadosa. Después de probarlo, quedé muy satisfecha.

Como latinas formamos parte importante de lo que es la marca. ¡Y la frase: "Porque tú lo vales" me gusta tanto! Tú mereces siempre lo mejor. Entonces llegamos a un acuerdo y en ese momento decidí ser la *Dark Brown* 4. La segunda vez que fui a hacer la campaña me atreví a usar *Light Golden Brown* y también me gustó.

Esa idea de que a medida que cumples años tienes que ser más rubia es mentira. Pero si tú quieres comprobar que las rubias sí se divierten más, pues atrévete, que para todas hay. A mí me encanta ser una cincuentona sin canas y con el pelo lindo, brilloso y suavecito.

Así fue como celebré mis 50 años con L'Oréal. Me hicieron una fiesta muy bonita. En ese evento pensé que cada año era una nueva oportunidad para seguir persiguiendo mis sueños. Por eso te sugiero que tú también vivas cada cumpleaños con esa alegría.

Al punto: ¿tienes cirugía?

Al igual que he confesado que hasta este preciso momento en que escribo no me ha llegado la temida menopausia, también he de confesar que mi cara está libre de cirugía plástica. Lamento defraudar a los que han perdido apuestas con esta confirmación, así como a quienes me miran fijamente y sin pudor detrás de las orejas buscando mis cicatrices.

Y no me he sometido a una cirugía plástica porque aún no creo necesitarla. Pero cuando piense que la necesito, lo haré y lo gritaré a los cuatro vientos. No sin antes, aclaro, volver loco al cirujano con mis preguntas; porque eso sí, antes de someterte a cualquier cirugía estética debes sentir confianza y ésa sólo te la da la información que recopiles.

Una cirugía es determinante no sólo para tu apariencia física, sino también para tu estado mental. Lo mismo puede revitalizarte que destruirte. Por eso, el día que me la haga acudiré al cirujano que más confianza me inspire por su reputación profesional; también me aseguraré de que mi expresión y mi rostro no sufran un cambio radical. Dicen los que saben que las cirugías plásticas deben hacerse antes de que haya demasiadas arrugas y pérdida de elasticidad.

Aclaro que no tengo nada en contra de las personas que se someten a cirugía, pero lo cierto es que algunas dejan de tener sus rasgos característicos y por querer verse más jóvenes se ven peor.

Cuidados a seguir antes de pensar en cirugía

Mientras llega ese momento, te diré algunas medidas que tomo:

Para los ojos

▸ Crema: uso una buena crema para el contorno.
▸ Compresas: aplico compresas de té de tilo y pepino. Esto lo aprendí de Christy Brinkley. Es uno de sus mejores secretos y lo comparto como uno de los míos también.
▸ Sábila: uso aloe vera, o sábila, como mi mamá. Es excelente para evitar las manchas.

Para la cara

▸ Crema: utilizo una buena crema humectante y limpiadora, ya que es muy importante limpiar la piel diariamente.
▸ Maquillaje: a medida que pasan los años, el maquillaje debe ser muy natural para que cuando andes desmaquillada la gente no se asuste.

- *Oxigenación y láser*: trato de cuidar mi piel al máximo. Me gusta mucho la oxigenación. Me fascinan los láseres, como los Viora y Génesis, para reafirmarla y mejorar su textura.
- *Exfoliación*: soy aficionada a la exfoliación que a veces hago con azúcar y miel.
- *Baño*: aquí viene otra confesión: si Cleopatra se bañaba en leche de cabra, yo me baño con miel y la uso como mascarilla para la cara y el cuerpo.

Prueba estas recomendaciones, que espero te sean tan útiles como a mí, y ¡disfruta viéndote y sintiéndote fabulosa!

Para no olvidar, mi amiga

✓ Aprovecha esta edad para atreverte a hacer lo que nunca has hecho (aclaración: cosas buenas).

✓ Rodéate de gente que sepa. Personas que puedan ayudarte o enseñarte a conseguir tus metas.

✓ Intenta enfocarte siempre en ir hacia adelante. Que nada te distraiga en el camino rumbo a lo que quieres conseguir.

✓ Toca todas las puertas que sean necesarias y cuantas veces se requiera.

✓ Establece metas realistas.

✓ Nunca pierdas la fe. Recuerda que los tiempos de Dios son perfectos.

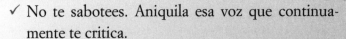

✓ No te sabotees. Aniquila esa voz que continuamente te critica.

✓ Visualiza todo lo que quieres. Compra un tablero y coloca en él fotografías de todo lo que deseas tener. ¡Funciona!

CAPÍTULO 5

El amor: el juego que gana el último que llegue

Yo fui mamá a los 20 años. Me casé por primera vez a los 18 y quedé embarazada a los 19. A la edad en que muchas descubren a su primer amor, yo no sólo creía que sabía quién era, sino que lo tenía en mis brazos en la forma más pura: mi hija Andrea.

He sido bastante precoz en cuestiones de amor. ¡Ay, Virgen de Altagracia, esto va para largo! Siempre fui muy romántica, y quería casarme y tener una familia.

Después, me enamoré otras veces y tuve dos hijos más. Me gustaría compartir con ustedes una historia que es la favorita de mis hijos menores, porque se trata de su papá. Una tarde, cuando pintaba una pared de mi departamento, sonó el teléfono y mi ayudante de cinco años, Andrea, salió corriendo a contestar mientras yo seguía trepada en la escalera. Le pregunté quién llamaba y ella, muy relajada, me dijo: "¡No sé! Dice que se llama Harold". Por poco me caigo de la escalera de la emoción. Salí corriendo a contestar. Por supuesto, cuando hablé con él utilicé mi tono más sereno, como si se tratara de un vecino cualquiera; pero confieso que cuando colgué saltaba como una cabrita loca de alegría. Me invitó al teatro y ese día nació un amor que terminó en boda tan sólo cuatro meses después. Hoy día no estamos juntos, pero le guardo un gran cariño.

Con el tiempo aprendí también que en el amor no gana el que llega primero sino el último que llega. En este momento de mi vida puedo decir que por fin soy bastante madura para elegir a quiénes quiero a mi lado. Me ha costado mucho encontrar a la persona adecuada. La *definitiva*. Ésta ha sido la parte más dura de mi existir y también aquella a la que más empeño le he puesto.

Al pasar los años, poco a poco he ido aprendiendo y sanado lo que viví de niña con la separación de mis padres, así como de adulta con mis propias relaciones matrimoniales y de noviazgo que no han sido duraderas. Durante mucho tiempo me sentí mal por haber pasado por esas experiencias y seguir metiendo la pata. No sé cuántas veces me he puesto a pensar: "¿Será que no soy capaz de elegir a la persona idónea para mí?"

Ahora admito que, conforme transcurren los días, me tranquilizo más. La llegada a los 50 me permite revisar mis relaciones, que sí he disfrutado muchísimo. En este libro, que es como la radiografía más actual de mi vida, agradezco a cada una de las personas con quienes he estado relacionada sentimentalmente porque incluso quienes me hicieron sufrir han sido mis maestros.

Quiero hacer hincapié, amiga mía, en que tan malo es hacer daño como permitir que te lo hagan. Si en muchas ocasiones permití que ocurrieran situaciones que no eran saludables, pienso que esto fue porque mi autoestima no era muy saludable a su vez.

No me quería lo suficiente, como tenía que ser. Gracias a todos los hombres que me hicieron sufrir, hoy me siento sólida como mujer. Me siento plena y tan agradecida con la vida por haber vivido todas esas experiencias que las comparto con mis propios hijos. A ellos siempre les digo que disfruten la vida y que por nada del mundo se priven de momentos felices por tener otras prioridades.

Tener expectativas claras

Yo me involucré con personas que eran buenas por sí mismas, pero no eran buenas para mí. En esta coyuntura, mirando hacia atrás, veo que lo sabía. Hay hombres que tienen atributos que no nos agradan, pero que justificamos sólo porque nos gustan físicamente. Reconozco que he cometido ese mismo error muchas veces. Me he unido a personas con quienes sabía que no estaría el resto de mi vida.

Es importante tener claras las expectativas respecto de aquel o aquella a quien elijamos, para no confundirnos ni resultar heridos. ¿Qué quiero decir con esto? Es posible que en algún momento de tu vida te involucres con una persona que te gusta mucho y con quien pasas buenos momentos, pero con la que sabes que no es posible tener una relación duradera. Si de todas maneras quieres vivir esa experiencia, adelante, también es válido, siempre y cuando tu corazón y tu intelecto hayan conversado y se hayan puesto de acuerdo. Eso es para mí tener expectativas claras. No creo que debamos entrar a una situación sabiendo que no podremos manejarla.

Ahora bien, si tú te propones mantener una relación permanente con alguien, sugiero que actúes con inteligencia; quiero decir: sin apresurarte. Toma el tiempo necesario para que se conozcan. Si tu posible pareja ha pasado por un divorcio, por ejemplo, asegúrate de que esté lista para una relación. Piensa bien en cómo manejarán el asunto de los hijos, si los tiene, sobre todo si a ti no te gustan los niños: ¿qué tanto estás dispuesta a aceptarlos como parte de tu vida? Y, muy importante, indaga si a él le interesa el tipo de relación estable que tú deseas.

Aprendiendo a vivir en soledad
y a educar

Además, hay que aprender a estar con uno mismo antes de estar con alguien más. En mi caso, como empecé a trabajar cuando era muy jovencita, siempre quise viajar con amigas o con una pareja, pues no me gustaba hacerlo sola. Cuando fui a grabar dos novelas en Argentina, no salí de Buenos Aires porque no quería ir sola a ningún lado. No fui a Mar del Plata ni a Bariloche porque me parecía aburrido ir sin compañía.

Al pensar ahora en ello, creo que lo mejor es aprovechar todas las oportunidades que surjan porque no sabemos si volverán a presentarse. Disfruta tu tiempo de soledad, nada hay de malo en eso. Recuerda que no hay que tener miedo a estar con uno mismo.

En las relaciones interpersonales entra también el asunto de la educación. Como madres tenemos la responsabilidad de criar hijos que sepan tratar a una mujer. Criar hombres respetuosos, considerados y con deseos de amar a su esposa para toda la vida. Con Harold, mi único varón, a veces me encuentro en una posición curiosa: como mujer le digo que se dé "un poco de puesto", que no se regale, porque si se regala, las mujeres no lo valorarán. En el amor hay que darse a respetar, darse su valor. Establecer su forma de pensar, no correr detrás de nadie. A Harold siempre le digo: "Date tu lugar, dale tiempo para que ella también piense, y luego decidan juntos si quieren continuar la relación". Pero también le inculco que esté dispuesto a amar y a respetar a su mujer.

Tati, la segunda esposa de mi papá, me enseñó que a los hombres hay que tratarlos como reyes... para que nos traten como reinas. Recuerdo que el bistec más grande que había en el refrigerador siempre era para Papi.

Hoy a mis 50 he aprendido a quererme yo más para querer mejor. Disfruto mi compañía para que el hombre que esté a mi lado me disfrute más. Y si merece el bistec más grande, pues seguirá siendo para él.

¿Qué he aprendido sobre el amor?

En realidad, nunca se deja de aprender sobre el amor. Éstos son algunos aprendizajes que he obtenido:

1. Los hombres no cambian

Si el amor te hace disfrazar sus defectos y crees que con el tiempo lograrás borrárselos, te tengo malas noticias: genio y figura hasta la sepultura. Un buen amigo siempre me decía: "Las mujeres se casan pensando que van a cambiar al hombre y los hombres nos casamos queriendo que las mujeres no cambien nunca".

2. Si hay cosas de él que ahora no te gustan, ¿por qué te van a gustar el año que viene?

Ese defecto que hoy te saca de quicio podría ser la causal de divorcio en cinco años. Ahora bien, no digo que lo dejes. Te muestro un cartelito que dice: "¡CUIDADO!" ¿Podrás vivir con eso que no te agrada tanto, tomando en cuenta que es muy probable que no mejore? Porque si ahora no te gusta que ronque, no quiero imaginar cómo estará el asunto en 10 años más. Hay que ser claras y objetivas. ¿Vale la pena seguir explorando la posibilidad de que crezca esa relación?

3. Si no eres feliz, no te inventes excusas

Olvídate del "Lo que pasa es que..." Si cuando hablas de él justificas sus defectos con esa frase, amiga querida, lamento decirte que tienes que salir, ¡pero ya!, de esa relación.

4. Déjate espacio

Recuerda que ese hombre que no te hace completamente feliz está ocupando el puesto de uno que podría hacerte sentir esa felicidad para siempre.

5. El amor no es lo único que mantiene a una pareja

Al matrimonio hay que verlo como un negocio. Reflexiona: un dueño de un negocio piensa en estrategias para mejorarlo, para que prospere. Lo mismo hay que hacer con las relaciones. Muchas de nosotras, cuando tenemos una relación, la damos por hecha y no trabajamos en ella. No consideramos qué podemos hacer para mejorarla o para que la otra persona se sienta más feliz de estar con nosotras. El amor hay que trabajarlo.

6. Comprométete

Escucha qué siente tu pareja y adquiere un alto grado de compromiso con esa relación. Es fundamental que los dos crezcan juntos como seres humanos. Las relaciones no deben descuidarse ni siquiera por los hijos; si lo haces, cuando un día abras los ojos te darás cuenta de que el tiempo pasó y ya nada tienes en común con esa persona que pensabas que sería el amor de tu vida.

7. Aprende a escuchar

No todos los hombres son iguales. Y sí pienso que es posible la fidelidad. Cuando un hombre está satisfecho sexualmente, siente que lo escuchan y lo atienden, tiende poco a ser infiel. Yo quiero que me traten como a una reina y estoy dispuesta a tratarlo a él siempre como un rey. (Acá entre nos, soy de las que hasta les doy masajitos en los pies.)

8. Si aceptas una infidelidad, aceptarás dos y tres

Nadie debe estar expuesto a una relación en la que haya infidelidad. Ni los hombres ni las mujeres. Pero ocurren y ese es el momento en que debemos poner en una balanza nuestra relación y preguntarnos si seremos capaces de perdonarla y superarla. Tampoco permitas que nadie te haga sentir menos.

9. Sí aparecerá otro hombre

A veces las mujeres se quedan en una relación tormentosa pensando que nunca más aparecerá otro hombre. Te tengo noticias: ¡sí aparecerá! Entiende que como mujer mereces lo mejor siempre y *nunca permitas que haya violencia en tu vida.* Hay una frase que no olvido y que espero que después de leerla tampoco la olvides tú: "Nosotros aceptamos el tipo de amor que creemos merecer".

10. Lo mejor de hacerse mayor es que aprendes a ser mejor amante

Procura ser aventurera, ¡sorpréndelo! Mantén la chispa encendida para que conserves a tu hombre en casa. Es esencial que darle placer a tu pareja te provoque placer. Si ya no sientes nada, te aconsejo que visites a un terapeuta sexual. Aprende a soñar, a fantasear. Busca ayuda en libros (*Cincuenta sombras de Grey* o *50 Shades of Grey*, por ejemplo). Está comprobado que una mujer enamorada se ve más bella y más joven. Así que cambia tu *look,* ponte a dieta, haz algo para motivarte a ti misma. Tú y sólo tú eres quien toma la decisión de disfrutar al máximo cada oportunidad que te regala la vida.

11. Establezcan las reglas del juego desde el principio

Con esto te pido que no te sientas obligada a hacer cosas que desde el principio sabes que no te gustan y que, pasada la etapa del enamoramiento, no querrás hacer. Por ejemplo, si los viernes él acostumbra salir a beber con los amigos y eso te desagrada, procura que lo sepa desde el inicio.

Para no olvidar, mi amiga

✓ Tan malo es hacer daño como permitir que te lo hagan.

✓ Eleva y alimenta tu autoestima. Ella te ayudará a tener relaciones saludables.

✓ Procura tener expectativas claras, eso te evitará sufrimiento.

✓ No esperes que en el futuro podrás cambiar a tu pareja o arreglar lo que no funciona con una varita mágica.

✓ Mejora constantemente tu relación y refuerza tu compromiso.

✓ Enamora a tu pareja día con día.

Un capítulo de madre

A los 50, la mayoría de las mujeres ya tiene hijos hechos y derechos que se han ido de casa o están a punto de volar del nido. Yo tengo tres que comparten conmigo las intimidades más increíbles que ni siquiera soñé compartir con mi propia madre... pero que hoy quiero comunicarte.

Mientras escribo esto, Gabby, mi segunda hija, se va a Los Ángeles. Creo que está preparada, pero cada vez que pienso que no estaremos juntas, me invade una sensación extraña. En los últimos años, mi "tormenta tropical", como la llamo, ha estado muy pegada a mí y no quiero decirle cómo me siento con su partida, para que no se preocupe.

Al respecto lanzo esta *advertencia*: no te conviertas en un saquito de preocupaciones para tus hijos. Tampoco juegues el papel de víctima. Si lo haces, lo único que lograrás es alejarlos. Porque, dime la verdad, ¿quién quiere estar al lado de alguien que vive quejándose?

Este fin de semana salí a almorzar con "mi *spaghetti*", como le digo a Harold Emmanuel. De pronto, comentó: "Mami, me acordé de cuando estaba chiquito. Una vez me ayudaste en algo y yo te dije: '¿Ves, mami?, contigo todo es posible'. Hoy sigo pensando igual".

Sus palabras me hicieron llorar en pleno restaurante. Siempre he querido hacerles ver a mis hijos eso mismo: que todo es posible. Que todo tiene una solución. Y ese día, en ese sitio, sentí que había ganado otra batalla como mamá.

Cuando los hijos crecen, y una se da cuenta de que los sermones y las letanías quedan grabados en su mente, hay que dar gracias a Dios de que esos valores quedaron bien cimentados. Amiga mía, si los cimientos están bien plantados, el edificio tal vez se mueva, pero no se cae.

Yo lo llamo ingeniería maternal. Y creo, sin temor a equivocarme, que si en el proceso los padres tomamos las medidas necesarias, las fórmulas no tienen por qué fallar.

Conversaciones con mis hijos

Acostumbro hablar constantemente con mis hijos para hacerles saber los sacrificios que hice para educarlos. Lo hago mencionando hechos concretos, pero sin lágrimas y sin hacerme la víctima. Ellos saben que soy madre soltera y que muchas veces las cosas no son tan fáciles como han parecido ser. Están conscientes también de que, como creo en ellos y los apoyo, estoy dispuesta a esforzarme para enviarlos a una buena universidad.

"A cambio —he aclarado a cada uno—, pido que aproveches esta oportunidad lo mejor que puedas. No creo en la perfección. Para mí la perfección es hacer las cosas lo mejor que puedas. Eso es lo que espero. Lo que no aceptaré es que empieces a trabajar y dejes la escuela. Quedándote en la escuela es como vas a pagarme este sacrificio."

Consejos para tratar a los hijos

En el trato con los hijos, quisiera sugerirte lo siguiente:

1. No los atormentes. Ni les eches en cara los problemas que tienes por culpa de ellos.

2. Diles las cosas como son. Por ejemplo, enséñales cuáles son los gastos de la casa. Mi mamá decía: "¿Pensarán estos muchachos que el dinero crece en los árboles?" Es muy importante que sepan cuánto valen las cosas y cuáles son los gastos de una casa, de una familia.

3. Asígnales responsabilidades. Pídeles que mantengan su habitación en orden y limpia. Hazles una lista de sus tareas en la casa, desde lavar los platos hasta sacar el perro, pasar la aspiradora, cocinar, ¡lo que tú quieras! Lo importante es que sepan que son responsables de una tarea.

4. Dales la información a la edad correcta. Por ejemplo, no les cuentes a los cinco años de edad que su papá te puso los "cuernos" ni les digas que no tienes con qué pagar la renta. Procura siempre que esa información no esté bañada de resentimiento o enojo. Ésa es la responsabilidad de nosotros como padres.

5. Enséñales a vibrar en frecuencias positivas. Esto se les volverá un hábito. Por ejemplo, el otro día Gabby me llamó para decirme: "Mami: he estado moviendo la energía, como tú dices, y me están pasando cosas muy buenas". Cuando tu vibración es baja, eso mismo es lo que atraes.

Si sientes resentimiento, amargura y tristeza, se te devuelve resentimiento, tristeza, negatividad, envidia e ira.

Si, por el contrario, sientes alegría, positivismo y ganas de triunfar, si haces cosas por ti mismo, exactamente eso será lo que llegue a tu vida. Tendrás éxito y obtendrás la energía que necesitas para cambiar. Entonces, no me digas que la vida es difícil cuando esta fórmula es la que da resultado. Pero hay que practicarla sin refunfuñar.

6. *Edúcalos con comparaciones.* Es conveniente que tengas muy claro que los hijos son como esponjas y desde que nacen, sin que nos demos cuenta, van aspirando nuestras cualidades y nuestros defectos. Se vuelven como nuestros discos duros que graban lo que decimos constantemente.

Y de pronto, un día, te repiten eso que tú les has comunicado durante 20 años… Así sea bueno o malo. Yo siempre he educado a mis hijos con comparaciones. En una ocasión, en Puerto Rico, les dije: "¿Ven esos enormes molinos? El viento los impulsa, y cuando empiezan a moverse tan rápido tienen tal poder que pueden alumbrar toda una ciudad. Nosotros somos como molinos y el viento es la energía, el pensamiento, la seguridad y la certeza que tenemos de que todo estará bien. No importan los obstáculos que encuentren en el camino, siempre hay que pensar que podemos salir adelante". Créeme. Esas lecciones se les quedan grabadas, aunque mientras las digamos nos miren y piensen: "Ya mi mamá está otra vez con la misma cantaleta".

7. *Crezcan con la separación.* La parte triste de la separación de mis hijos es que no puedo verlos todos los días. La parte alegre y linda es que al separarnos, cuando nos reunimos,

podemos hablar de lo que les he enseñado y me alegra saber que la cantaleta ha dado frutos.

Me doy cuenta de que estoy dejando ir a mis pollitos (sí, soy una ridícula, el menor tiene 18 y la mayor 30, pero para mí siempre serán mis pollitos) con la seguridad y la tranquilidad de que los tres son positivos, seguros, tienen la cabeza bien puesta y la semillita que planté en ellos germinó. Los crié con la ayuda de mi mamá y tienen buenos principios y valores. Ella me los inculcó a mí y se los transmitimos a ellos. Nada hay más cierto que lo mejor que puedes darle a tus hijos es un buen ejemplo. Ése es para mí el secreto por el cual he podido estar en esta carrera tantos años.

Los sermones seguirán y se los recordaré cuantas veces sea necesario. (En otro capítulo del libro les contaré cómo conseguí superar el síndrome del nido vacío.) En el amor no existe la distancia ni el tiempo, nada más cierto. Cuando se ama de verdad, esas barreras se rompen, se pierden. Con Andrea, mi hija mayor, que es la que vive más lejos, hablo durante horas por teléfono.

Acostumbra a tus hijos a que siempre tendrás tiempo para ellos. Mándales un mensaje. Llámalos. Andrea lleva muchos años fuera, separada de su papá, que está en Puerto Rico, y yo le aconsejo: "Piensa cómo te sentirás el día que tu papá falte, por no haberlo llamado en su cumpleaños, por no contarle eso bueno que te ocurrió. Haz algo a favor de la relación y demuéstrale cuánto lo quieres. Recuerda que obras son amores".

8. *Habla con ellos de sexo.* Otro tema clave a la hora de hablar con los hijos, es el sexo. Admitamos que hacerlo no

es fácil, pero sí necesario. Yo siempre he conversado sobre el tema con mis hijos y debo reconocer que ellos mismos se asustan.

Me acostumbré a pedirle a Andrea:

—Cuando vayas a tomar la decisión de estar íntimamente con alguien, dímelo.

A lo que ella respondía:

—¡Ay, mami, estás loca!

Hasta que un día recibí un correo suyo que empezaba diciendo: "Mami, ¿te acuerdas que me decías que te contara cuando estuviera preparada? Pues llegó la hora".

A esto seguía una larga lista de razones por las que consideraba que estaba preparada para su primera vez. Aún siento el sabor de las lágrimas que incluso no me dejaban leer el extenso mensaje que retrataba la transición de mi niña a mujer. No podía creer que me lo comunicara. Y recuerdo que entre lágrimas comencé a escribir la respuesta: "Te contestaré como mamá y como mujer. Como mamá te aconsejaría que esperaras. Como mujer puedo decirte que es la experiencia más hermosa, y si crees que estás segura y él tiene el suficiente valor para ti, ¡adelante! Sin embargo, tienes que protegerte y éstas son las mejores maneras..." Después de ofrecerle todas las opciones de protección, mandé el correo asegurándole al final que tomara en cuenta que siempre podría contar conmigo.

En la siguiente llamada telefónica, le pregunté:

—¿Y entonces?

Muy seria, contestó:

—Ya, mami, tampoco preguntes tanto que no hay que exagerar.

9. *Procura no cruzar la línea.* Siempre hay una línea que no se puede cruzar con los hijos y como mamás debemos conocerla. No la cruces, pero sí acostúmbrate a hablar mucho con ellos.

Un día, al abrir la puerta de la casa, le pregunté a Harold a quemarropa:

—Harold, ¿a ti te gustan los senos grandes o chiquitos?

Con los ojos abiertos como platos me respondió:

—¡Mamá! ¡No me preguntes eso! ¿Por qué quieres saber? *Mom, please, you don't need to know* [Mami, por favor, no tienes por qué saberlo]. *Yes! Yes! Yes!* Pechugonas, pero hablemos de otra cosa.

Y yo, como si nada ocurriera, repliqué:

—Bueno, como yo soy pechugona, me imaginé que a ti te gustaban pechugonas.

10. *Rompe el hielo y asigna responsabilidad.* Con los hijos hay que romper poco a poco el hielo para que no resulte tan difícil hablar. Quienes tienen hijos adolescentes saben que pasan por etapas en las que parecen cajas fuertes sin llave: no hay quien los abra. Todo les molesta y luchan por su privacidad. Yo nunca he permitido que esos silencios sean muy largos. He buscado la manera de que estemos todos juntos y hablemos de lo que nos sucede. Los he preparado para lo que pienso que les llegará pronto, desde el sexo hasta una borrachera.

Así he ido conociendo los gustos de mis hijos. La primera vez que Harold bebió, llegó de la fiesta y se sentó directamente en mi cama. En seguida me di cuenta de que venía ebrio, pero lo dejé hablar. Y esa madrugada inolvidable, al borde de mi cama, mi *spaghetti* comenzó a expresarse con la lengua en cámara lenta y medio enredada, signos inequívocos de lo que comúnmente se conoce como borrachera:

—Mami —me dijo, intentando hablar lentamente como para que yo entendiera el momento trascendental que vivíamos—. Como me dijiste que te contara cuando bebiera, te cuento que hoy tomé vodka.

En ese momento tenía dos opciones: meterlo a la ducha para que el agua fría lo nivelara un poco, o confiar en él y recordarle lo que siempre le dije, que hasta para beber había que ser responsable. No es posible amarrar a los niños a la pata de una mesa, y no necesitan mucho tiempo para hacer cualquier picardía: en 20 minutos se puede hacer de todo. Asignarles la responsabilidad de algo no significa decirles que lo hagan; más bien, al hablarles claro uno les explica cómo deben hacer las cosas.

En esa ocasión, empijamada y junto a mi hijo adolescente oliendo a vodka, le dije:

—Harold, si vas a tomar, no se te ocurra conducir ni subir al auto de nadie. Tú me llamas y yo te pago el taxi. O voy a buscarte. El problema no es tanto que bebas, sino que te emborraches y pierdas el control. Así que debes hacerlo con responsabilidad.

Una mamá cincuentona

¿Qué piensan mis hijos de tener una mamá cincuentona? Se los pregunté y esto fue lo que me contestaron. Si eres mamá, estos textos te servirán de guía para saber cómo piensan ellos. Si eres adolescente, ojalá puedas aplicar estos consejos para que sepas entender y abordar a tu propia madre.

Andrea

Tener 50 años siempre me pareció bastante. Me parecía que una mujer de 50 ya era muy mayor. Pero también me parecía mucho tener 20, 30 y 40. Ahora que cumplí 30, lo veo como un nuevo comienzo. Eso mismo me sucede con los 50 porque veo que mi mamá los cumplió y rompió con todos los estereotipos. No sólo es una mujer bellísima por fuera, sino que es tremendamente ambiciosa, compasiva y alegre. Y eso, estoy segura, es lo que la mantiene jovial y siempre tirando para adelante.

Me da mucho gusto ver que siempre está llena de metas por cumplir. A los 50 ha encontrado el mejor momento para elevar las alas y seguir volando, y volar más alto. Veo a mi mamá no sólo crecer profesionalmente, sino también en su parte afectiva. La veo pensando en el amor en una manera distinta. Creo que le espera un gran futuro.

Tener una mamá como la mía, de 50, en el momento en que cumplo 30, es maravilloso porque me sirve de ejemplo. Sé que su conocimiento y su sabiduría me ayudarán a convertirme en una mujer más fuerte. Ver los resultados de mi mamá a su edad hace que piense ya en ahorrar para mi futuro, invertir en mi casa, tener mis hijos, comprar un seguro de vida. Sí, a los 30 ya pienso en mi retiro. Y estoy convencida de que pensar en el retiro ahora me servirá para tener mejores recursos cuando llegue ese momento. Todo eso se lo debo a mi mamá.

Harold

Nunca antes me había puesto a pensar en lo que significa para mí una mujer de 50 años. Tal parece que 50 se ha convertido en un número que da miedo alcanzar y una edad en la que muchas personas se enfocan en lo que no hicieron cuando eran más jóvenes.

Ahora que mi mamá ha llegado a esa edad, veo que el número de años que tengas no debe impedir que alcances lo que más quieres en la vida. Mi mamá me ha demostrado que la edad nada tiene que ver con el éxito y que cuando uno quiere algo, debe luchar para alcanzarlo y no dejar que nada ni nadie te detenga.

Gabby

Sinceramente, antes de que mi mamá cumpliera 50, yo creía que ésa era la edad en la que ya pensabas en retirarte, reflexionar, relajarte, viajar por gusto y descansar de nuevos proyectos.

Mi mamá tiene 50 años y está empezando negocios nuevos, toma riesgos, viaja para conocer y aprender, aporta a su comunidad; ha aprendido a tratar a sus amistades, sabe qué tipo de pareja quiere (y merece) y, sinceramente, cada día se convierte en una persona mejor. Ahora yo veo los 50 como una época para reinventarse.

Sin duda, mi mamá es un ejemplo muy alto a seguir. Yo me visualizo siendo la misma mujer que mi madre. Una mujer que no teme a nuevas oportunidades, a luchar por sus sueños y a seguir soñando. Ojalá yo pudiera ser la mitad de lo que es ella. Creo que la mejor forma de prepararme para lograrlo es continuar aprendiendo y seguir sus huellas.

Alas para que vuelen y raíces
para que vuelvan

En este momento de mi vida, disfruto mucho cuando tengo a mis tres hijos juntos en casa. Creo que les he dado alas para volar y raíces para que siempre quieran volver al hogar. Andrea, la mayor, que fue la primera en irse, siempre está en contacto con sus hermanos. Gabby trabaja para hacer realidad su sueño, que es convertirse en actriz, y también tiene otros proyectos relacionados con la moda, que le encanta. Tengo la dicha de que mis tres hijos son muy unidos. Harold se siente un poco como el padre de sus tres mujeres.

Recuerdo que una noche que estábamos juntos en Nueva York, me invitaron a salir unos amigos y él, muy considerado, "me dio permiso".

—Vete tranquila, mami. Yo me quedo en el hotel viendo películas —me dijo, como si fuera un papá alcahuete y no un hijo adolescente.

Yo, que al principio no quería ir, terminé de rumba con unos amigos mexicanos hasta altas horas de la madrugada. Pero hubo un pequeño problema: mi celular se quedó sin batería y las horas pasaron tan rápido que hasta que llegué al hotel me di cuenta de lo tarde que era. Intenté abrir la puerta sigilosa como un gato, para que Harold no me escuchara, pero él saltó como un león sobre mí.

—¿Te has dado cuenta de la hora que es? ¡Y ni siquiera una llamada para decirme que vendrías tarde! ¡¿No te da vergüenza?!

A mí no sólo me dio vergüenza, sino un ataque de risa nerviosa. Sí. Cometí un gran error y prometí no repetirlo.

Cada vez que pensamos en esa noche, en la que yo, muerta de hambre, comía jamón serrano a las cuatro de la madrugada mientras Harold no paraba de regañarme, a todos nos dan ataques de risa.

Esa anécdota refleja un poco lo que es mi hogar hoy. Una mamá soltera con tres hijos, de la Generación del Milenio, que aprenden y se divierten juntos, se cuentan sus problemas, discuten y se dividen responsabilidades. Los miembros de una familia que saben que nunca, nunca, pueden olvidar lo esencial: que siempre, pase lo que pase, y estén donde estén, estarán unidos por un inmenso amor.

Para no olvidar, mi amiga

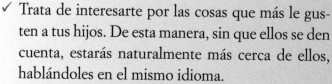

✓ Trata de interesarte por las cosas que más le gusten a tus hijos. De esta manera, sin que ellos se den cuenta, estarás naturalmente más cerca de ellos, hablándoles en el mismo idioma.

✓ Como madre latina, sé lo difícil que es criar a nuestros hijos en un país que es culturalmente diferente del nuestro. Procura ser flexible, porque si los limitas demasiado, podrías impulsarlos a experimentar lo mismo que quieres evitar; como dicen, a veces lo prohibido es lo que más nos atrae.

✓ No importa de qué país seas ni dónde estés, lo sustancial es que puedas adaptarte junto con tus hijos a esa cultura nueva para la familia y, a la vez, mantener todos esos valores que aprendimos desde niños.

✓ Cuida la autoestima de tus hijos como un tesoro. Si tu hija está rellenita, no le reclames ni la compares con nadie, mucho menos frente a los demás. Más bien, ayúdala formulando un plan para mejorar su nutrición y haciendo deporte o ejercicio juntas.

✓ No los hagas sentir culpables para lograr que hagan lo que tú quieras. Mejor háblales con honestidad y explícales tus razones para no aceptar a alguno de sus amigos o para reclamarles porque no te llaman por teléfono, entre otras cosas. Si los haces sentir culpables, tú misma sabotearás tu esfuerzo por ser buena madre y crearás en ellos inseguridades que atacarán directamente su autoestima.

✓ Nada hay que pueda hacerte sentir mejor como madre que verlos agradecidos porque los aceptas tal como son, sin importar su orientación sexual, sus intereses o su profesión.

CAPÍTULO 7

Gotas de amor para corazones arrugados

Hay que ver las cosas con claridad. Los 50 equivalen a media vida. Y si los 20 son para muchas personas la edad de los matrimonios, las primeras experiencias profesionales y la maternidad, los 50 —todo hay que decirlo— pueden convertirse en los años de las separaciones. Los hijos se van de casa a construir su propio destino, mientras que los padres envejecen... y también parten de esta vida. Obligadas o voluntarias, estas separaciones duelen mucho y ya me ha tocado vivirlas. ¿Que cómo las he superado? No hay fórmula mágica ni antibióticos que curen los dolores del alma. Esto que voy a contarte es una especie de calmante: tómalo co-mo unas gotas de amor para corazones arrugados.

A los 48 años perdí a la mujer que más he amado en mi vida: mi mamá. Lo escribo con lágrimas en los ojos y aún me parece increíble que ya no esté. Algunos días me levanto y digo: "Ya lo superé". En otros, abro los ojos llorando y así sigo hasta la noche. El dolor nunca desaparece del todo, pero gradualmente se transforma en recuerdos bonitos.

Crea tu propio escuadrón de rescate

Cuando pierdes a un ser querido, debes crear tu propio escuadrón de rescate, que implica desde identificar cuál es el mejor hombro para llorar, hasta cómo reemplazar las lágrimas por recuerdos que terminen en una sonrisa.

A mí me ha ayudado aprender a vivir un día a la vez sin mi mamá, y celebrar su vida cada vez que me acuerdo de su muerte. Siempre pienso en algo bonito que me enseñó. Le hablo. Me río muchísimo con ella. Estoy segura de que es cómplice de todo lo bueno que me ocurre. Las joyas, la ropa de cama. Este libro... Ella es la Madrina Celestial de Giby Giselle Blondet... En plena gira de promoción, en medio del éxito que el público ha permitido que tenga mi sueño realizado, siempre dedico tiempo para recordarla, para darle gracias porque estoy segura de que esto está sucediendo gracias a ella.

Pero déjame relatarte cómo empezó el calvario más triste de mi vida y cómo fui descubriendo lo que me ha ido ayudando a superarlo.

Un trance amargo y terriblemente doloroso

La enfermedad de Mami me tomó por sorpresa. Ella siempre fue una mujer muy fuerte. Consultaba al médico todas las semanas, cosa que yo le criticaba. Se cuidaba mucho. Sufría policitemia vera, trastorno en el que las células de la médula ósea se desarrollan y funcionan anormalmente, lo que afecta las plaquetas. Estaba bajo tratamiento, aparentemente sin problema. Lo malo empezó cuando una arañita la picó en la cabeza, la picadura se le infectó y la cabeza se le puso blandita como un cojín. De ahí todo comenzó a deteriorarse.

Un día sintió muy fuertes dolores de espalda. Entró y salió del hospital varias ocasiones, debilitándose cada vez más. Gabby, Harold y yo nos turnábamos para no dejarla sola. Poco a poco vi cómo esta mujer tan fuerte comenzó a soportar cosas que nunca hubiera aceptado, como caminar con andador y usar pañales. La vida de Mami sufría grandes alteraciones y yo las observaba impotente, con el corazón despedazado de dolor.

Un día, uno de los médicos me dijo que la enfermedad había cambiado y que era preciso modificar el tratamiento. Pero Mami continuó debilitándose y el dolor no se le quitaba con nada. El 31 de octubre, fecha que nunca olvidaré, nos mandaron al hospital. El médico me informó que estaba muy delicada, pero jamás pensé que mi mamá se iba a morir. Estaba tan segura de que saldría de allí…

La situación se agravó porque le encontraron coágulos en la pierna y en los pulmones. El medicamento que le daban afectaba sus plaquetas por lo que era necesario hacerle una transfusión y luego suministrarle el medicamento. Con éste, las plaquetas bajaban otra vez. Era un juego muy difícil de ganar.

Mi médico familiar, el doctor Suárez, que trató a mi mamá como si fuera su propia madre, estuvo a mi lado en los momentos más difíciles. Como cuando tuve que firmar los documentos para que no la mantuvieran viva artificialmente. Lo hice porque sé que ella no habría estado de acuerdo con eso. Recuerdo que en ese momento trataba de firmar y no lo lograba. Mi firma quedó tan pequeñita… Era del tamaño de mis fuerzas…

Después tuve que firmar otro documento para intentar resucitarla en caso de que se presentara el "código azul", es decir, un paro cardiorrespiratorio. Me eché a llorar y el médico me aconsejó que lo firmara para intentar, hasta donde fuera posible, revivirla; si no lo hacía, no podrían tomar las medidas necesarias.

Firmé, y al día siguiente se presentó el código azul. Entonces entubaron a mi madre. Pobrecita. Verla así, desesperada, una mujer que siempre le tuvo miedo a la muerte, me partía el alma. Mientras escribo esto, estoy llorando... Es que ella no quería morir. Y eso me preocupaba tanto... Yo anhelaba que recibiera todo con paz, con aceptación. Pasaba las horas diciéndole: "Mami, no importa lo que oigas, todo estará bien".

Le ponía música del trío Los Panchos. Le contaba chistes. La última sonrisa que le vi se la dedicó a Kelvin, un gran amigo nuestro, a quien quería como a un hijo. Su cara se iluminó. Abrió sus ojitos. Fue la última vez que comió antes de que la entubaran. Vinieron mis primos, hijos de mi tía, que era como un alma gemela de mi mamá, y quien había fallecido un mes antes. Vinieron mi hermana, mi cuñado, mi sobrino, a quien Mami adoraba. Estuvieron sus amigas, con las que hacía karaoke toda la semana. Mi hija Andrea vino de Colorado. Todos estábamos allí hasta que ocurrió lo que tenía que ocurrir. Lo que Papá Dios decidió y yo acepté.

Todo sucedió de pronto. Rápido. Los pulmones de Mami estaban cristalizados. Los riñones no le funcionaban. Hubo un código azul, le pusieron oxígeno... Entonces, mi hermana y yo decidimos que había llegado la hora de dejarla ir. Sólo le pedimos al médico que nos diera un momento para que todos le habláramos y pudiéramos despedirnos.

Mami fue la mujer más rezada. Durante el proceso vinieron a la clínica amigos míos de todas las religiones. Tuve de todo para mi mamá. ¡Si ella es mi reina y lo merece! El enfermero, que por cierto estudiaba para ser diácono, se llamaba Santos. Ese día, en sus últimos instantes, él le rezó, y cada uno de nosotros le habló. Ella estaba en coma. Rezamos, le cantamos, y decidimos dejarla ir. Después de que cesó el bombardeo clínico, durante dos horas su respiración fue normal. Sin ayuda artificial. Rodeada únicamente por nosotros y por nuestro amor. La besé tanto, tanto y tanto. Le decía que se fuera tranquila, que se fuera en paz, que todo iba a estar bien. Y así la despedimos.

Cómo salí adelante cuando mi madre murió

Aún no puedo asimilarlo. Me parece increíble no tenerla cerca. Era mi apoyo más grande. Me recuerdo mirándome al espejo en aquel momento: lo que quedaba de mí. No me reconocía. La expresión de mi cara, todo era tan diferente.

A Mami no le gustaban las funerarias, pero le dije: "Mami, te enojarás conmigo, pero yo voy a celebrar tu vida". Realizamos un servicio fúnebre muy alegre, como era ella. Puse un video de Mami cantando y bailando. Mi hijo tocó con la guitarra la canción *Europa*, que tanto le gustaba, y les pedí a todos que fueran vestidos de blanco. Cuando fui a reconocer su cuerpo y la vi allá adentro, me eché a reír. Esa persona con un bucle sobre la frente, y con un extraño cabello rojo, no se parecía a mi madre. Reí porque estoy segura de que se las arregló para que esa persona no se pareciera a ella. Eso era un cuerpo solamente, el cuerpo que Papá Dios le había prestado para estar en esta tierra.

Mis primos me sugirieron enterrarla junto con mi tía, en Puerto Rico, y así lo hicimos. El hermano de mi querido amigo y compatriota Chayanne realizó el hermoso servicio religioso.

Al evocar la experiencia revivo esa tristeza y debo decirte que no hay manera de superar la muerte de una madre. Es que ella no tiene sustitución. Sin embargo, siento que la conozco más ahora. Muchas personas me cuentan tantas historias de mi madre, que me hacen sentir sumamente orgullosa. Esto hay que tomarlo un día a la vez. Como dije, un día me levanto y digo que ya superé todo, y 20 minutos después me echo a llorar y la extraño terriblemente.

Mami y yo teníamos una relación muy estrecha; yo la llamaba diariamente y compartíamos todo. Ella fue todos los domingos a *Nuestra Belleza Latina*, mientras yo participé en el programa. La primera vez que regresé sin ella, sólo le pedía a Dios que me diera fuerzas. Y Dios comenzó a enviar a sus ángeles. Recuerdo que Luis Fernández, presidente de Univision Studios en ese entonces, me dio una gran fuerza.

Poco tiempo después me tocó ir a Las Vegas a presentar la alfombra roja de los premios Latin Grammy. Cisco Suárez, el productor ejecutivo de Eventos Especiales de Univisión, me llamó para decirme que entendía perfectamente si no tenía ánimo para conducir *Noche de estrellas*, el paso de las estrellas por la alfombra roja. Pero le dije que sí, que iba a ir porque sentía que mi mamá hubiera estado muy orgullosa de verme allí. Sin embargo, habían pasado apenas unos días y el dolor me consumía por dentro.

Recuerdo que llamé a la diseñadora Rosita Hurtado y le pregunté si podía confeccionar a toda prisa un vestido rojo que ni siquiera me probé. Con el vestido listo subí a un avión rumbo a Las Vegas, como a Mami le habría gustado. Allá lloré muchísimo en los brazos de Raúl de Molina. Nunca terminaré de agradecerle la fuerza que me dio.

Te presento a una amiga llamada Consuelo

Una noche antes de los premios estaba muy triste y muy nerviosa. No podía concentrarme, así que me dormí temprano y soñé con Mami. En el sueño, ella me decía que estaba muy feliz y me presentaba a una amiga: "Giselita, te presento a una amiga llamada Consuelo. Llévala contigo".

Desperté con una tranquilidad impresionante. Había entendido el mensaje de mi madre. Me levanté de la cama feliz, como si Mami me hubiera dado una pastilla para la felicidad. Y mi primer trabajo después de su muerte lo hice con una gran paz.

Meses después, cuando comenzó la temporada de *Nuestra Belleza Latina,* mi mayor temor era entrar al estudio de grabación y darme cuenta de que mi madre no estaba allí. Entonces, en su nombre, decidí regalar a cada uno de los integrantes del equipo una botella de vino y un billete de lotería, dos cosas que le encantaban a Mami. Yo misma, que nunca había comprado un billete, fui a conseguirlos. Mi hija Gabriella me dio los números que a Mami le gustaba jugar.

Cuando llegué al supermercado, recibí la sorpresa más grande de mi vida. Miré fijamente el nombre de la chica que con amabilidad se ofreció a ayudarme y que lucía sobre su pecho en una etiqueta: se llamaba Consuelo. Sí, Consuelo, como aquella amiga que mi mamá me presentó en aquel sueño en Las Vegas. Ese día comprendí que Mami siempre está conmigo.

También me ha ayudado mucho celebrar su vida. Cada vez que algo me causa tristeza, le doy las gracias, le enciendo cirios, le hablo, me río con ella… Estoy convencida de que es cómplice de todo lo que me está sucediendo. Ella murió y todo lo que siempre soñé comenzó a ocurrir. El duelo es un proceso que asimilamos un día a la vez, reitero, y yo la recordaré y la querré eternamente.

Sólo hay algo que sigue mortificándome. Cuando no podía abrir sus ojitos, un día llegó la doctora, le abrió un ojo y le dijo: "Hola, muñequita". Le pregunté si Mami podía verme, y al contestarme que sí, me asomé y le dije: "Hola, Mami". Cuando ella me escuchó, empezó a angustiarse y le brotaron las lágrimas. Ese fue el momento más difícil. Yo quería que se calmara, pero en cambio la notaba desesperada y parecía que quería decirme algo.

Siento una enorme tristeza por no haber podido enterarme de lo que quiso decirme. Pero también agradeceré a Dios eternamente el haberme permitido estar con ella y habérmela dado como madre. Ella me enseñó que la familia ocupa el primer lugar en nuestra vida. Por eso todos los días celebro la suya. Cuando me encuentro con personas que están viviendo lo que yo viví, les digo que pongan la canción que más le gustaba a ese ser querido o le dediquen algo. En una farmacia, una persona me comentó que el jabón Maja le recordaba a su abuela y me ofrecí a comprárselo. Le sugerí que cada vez que se bañara le dijera a su abuela que la recordaba con frecuencia.

Pienso mucho en Mami y me invade la nostalgia. Recuerdo lo que me decía y cómo yo, enojada, le hacía algún gesto porque no estaba de acuerdo con ella. Uno de mis mayores defectos es que confío mucho en la gente. A raíz de la muerte de Mami me he dado cuenta de que ella tenía razón en sus consejos. Me alertaba acerca de ciertas personas y yo le rebatía: "Mami, ¿crees que todo el mundo es interesado?, ¿cómo puedes vivir así?"

Hoy quisiera tener un teléfono directo con ella para pedirle perdón. Muchas cosas que me dijo eran verdad. Me duele haberle llevado la contraria aunque ahora entiendo más a mis hijos cuando me contradicen. Esas desilusiones tan grandes me duelen mucho y me hacen evocarla. Ahora, mi círculo de amigos es cada vez más pequeño pues, para protegerme de las desilusiones, procuro que a mi casa sólo entren las personas en quienes confío plenamente. Eso me lo enseñó mi mamá.

Sobrellevando el duelo

Aquí quiero confiarte algunas cosas que me han ayudado en este proceso. Te sugiero que las apliques en caso de encontrarte en las mismas circunstancias.

▸ *Háblalo.* No resuelves nada guardando tus sentimientos y sumiéndote en la depresión. Expresar lo que sientes te hará sentir mejor.

▸ *Date el permiso para llorar.* Te encontrarás en situaciones en que las lágrimas te sorprenderán al escuchar una canción o al toparte con algo que te recuerda a tu persona amada. Eso es normal y forma parte del proceso.

▸ *Dedica tiempo para reflexionar en lo ocurrido.* Así podrás empezar a aceptar la realidad de que la muerte es parte de la vida.

▸ *Haz algo en memoria de esa persona que tanto quieres.* Planta un árbol, haz un donativo a alguna fundación o realiza un trabajo voluntario en su nombre, toca su música favorita, o prepara el platillo especial que ella o él te enseñó a cocinar.

▸ *Mantén tu mente ocupada.* Haz ejercicio, busca actividades que te permitan tener espacios de descanso mental y emocional.

▸ *Ten un grupo de amigos o familiares* que puedan servirte como grupo de apoyo. Reúnete con ellos, llámalos, procura estar acompañada.

▸ *No temas buscar ayuda profesional.* Acude a un psicólogo, a un terapeuta o a un líder de tu congregación religiosa.

Cómo quitarse los miedos de encima

Algo más que he descubierto tras la pérdida de mi mamá tiene que ver con el miedo, al que ahora contemplo de manera diferente. Dicen que a medida que uno se vuelve mayor, los miedos desaparecen. Yo creo que no es así; más bien, los reemplazamos por otros nuevos. Cuando eres joven, te atemoriza no conseguir empleo, y ya en la edad adulta, te da miedo que te despidan del trabajo. A los 20 crees que si peleas con tu novio, perderás al amor de tu vida. Si a los 50 te divorcias, te da miedo no volver a encontrar ese hermoso sentimiento.

El miedo es un mal que nos ataca a cualquier edad y es el freno más grande que enfrenta un ser humano. El miedo paraliza, nos hace ver cosas que no existen y nos encierra en una especie de jaula invisible de la que no podemos salir.

Si pudiera dejarte un solo mensaje en este libro (¡y mira que creo que hasta ahora te he comunicado varios!), sería que luches por liberarte de tus miedos. Cualesquiera que sean. La siguiente es una frase que me encanta y me ayuda cuando me invaden los temores: "Todos tus sueños están del otro lado del miedo". Espero que esta reflexión te sirva. Funciona como un antídoto contra el miedo. Cuando la repito, me llena de valor. Y a los 50, como a los 20, o a los 80, una mujer necesita ser valiente para enfrentar la vida. Si algo podemos enseñar a nuestros hijos o a las generaciones venideras, es a ser valientes.

Cómo ser más valiente

Si te preguntas cómo ser más valiente, aquí te doy unos consejos que a mí me han funcionado:

1. *Enfrenta tus miedos.* Créeme que no estoy loca al decirte esto. Está comprobado que la única manera de liberarte del miedo es practicar eso que tanto miedo te da. Si temes hablar en público, ese temor desaparecerá hablando en pú-

blico. Si te da miedo viajar en avión… se te quitará viajando en uno. El primer paso es atreverte.

2. *Analiza la causa de tu miedo.* Puedes tener un trauma de la niñez que hoy te cause ese pánico que no puedes controlar. Conozco a alguien que se pone a temblar cuando ve a un payaso porque en su niñez su hermano lo asustaba con máscaras. Una vez que un profesional identifique la causa de tu miedo, te será más fácil enfrentarlo.

3. *Prográmate para vencerlo.* La mente es nuestra arma más poderosa para ser felices.Te he comentado ya que lo que pasa por tu mente, pasa por tu vida. Llénate de fuerza y programa tu vida para que de ahora en adelante el miedo no entre en ella. Ten fe en ti misma. Convéncete de que vas a poder y de que ese temor no se convertirá en la piedra con la que tropezarás de nuevo. Usa el poder de la oración. Nunca falla.

El plan de tu felicidad

Como comenté al principio de este capítulo, a los 50 es normal que nos enfrentemos a separaciones, voluntarias y forzadas, y que estos cambios generen temor en nosotras. Eso me sucedió al separarme de mi madre con tanto dolor. Por eso es tan importante que a lo largo de tu vida aprendas a ser feliz contigo misma. Lo ideal es que desde joven una persona únicamente necesite de sí misma para ser feliz. De esa manera, no sólo podrá regalar más felicidad, sino que la suya no dependerá de situaciones externas.

La felicidad no deberá concederla una cuenta de banco, ni un título profesional, ni una oficina más grande. La felicidad es ese equilibrio que tienes dentro de ti, que hará que luches por tu éxito profesional y personal, y que seas muy agradecida con lo que tienes. Bien dicen por ahí que la gente feliz no es la que es agradecida, sino que es la gente agradecida la que es feliz.

Si crees que ya es tarde para construir esa felicidad en tu interior, no es así: puedes empezar a edificarla ya. ¿Cómo? Prepara un plan. Si ya estás entrando en los 50 y te has quedado sola, sin pareja, sin haber tenido hijos, o si éstos ya se fueron de casa, dedícate a hacer algo que siempre hayas querido hacer. Toma clases de cocina. ¡O da clases de cocina! O de pintura. O aprende a manejar internet (hoy en día hay miles de trabajos por internet que puedes realizar desde tu casa).

En otras palabras, agrega un nuevo valor a tu vida, bien sea aprendiendo o enseñando. Usa tu tiempo libre para ayudar a otros. ¡Hay tanta gente que te necesita! Desde viejitos solos en asilos que no tienen quién los visite ni les hable, hasta niños que no tienen quién les lea un cuento. Sal de ese encierro y deja de lamentarte de lo sola que estás y de lo desgraciada que te sientes. ¡Tú eres la única culpable de ser una víctima! Entonces, dale un propósito a tu vida, y si de pronto te has quedado sola con tu pareja porque tus hijos se fueron a vivir su propia vida, ¡pues comienza la reconquista!

Mi mensaje es que nada ni nadie, únicamente *tú misma*, será quien cree las circunstancias que necesitas para dejar de sentirte sola o triste. Porque nadie más que tú eres responsable de tu felicidad.

Para no olvidar, mi amiga

✓ Hay que ser realistas. A los 50 es normal que empiece a haber separaciones. Hay que prepararnos para vivirlas.

✓ Es importante celebrar la vida de quienes nos dejaron. Aunque el dolor nos envuelva, es fundamental intentar vivir un día a la vez.

✓ Libérate de los miedos enfrentándolos.

✓ Planifica tu felicidad. Escribe lo que te hace falta para ser feliz y sal a buscarlo.

✓ Sé agradecida. Ayuda a quien puedas.

✓ No olvides que tu destino lo escribes tú. No permitas que nadie lo haga por ti.

✓ Si algo se atora en tu vida, suéltalo para que llegue a ti.

CAPÍTULO 8

Carta a una veinteañera

Si este libro llegó a tus manos 30 años antes de los 50, ¡felicidades! Quiere decir que aprenderás el camino por recorrer, y cuando uno conoce la ruta, gana tiempo. Los primeros 20 años nos dan el pase a la vida real.

Mirando hacia atrás, ¡cómo me gustaría no haberme preocupado tanto y haberme preparado más! Si esa Giselle de 20 estuviera allá en Puerto Rico y yo pudiera enviarle una carta, le diría las siguientes palabras que me salen del corazón.

Carta a la joven de 20 años

Mi querida Gi:

Te escribo esta misiva en un momento en que en el mundo ya casi nadie escribe cartas. Hoy, lo que hay que decirse se envía por correo electrónico, por mensaje de texto o por Twitter, o se cuelga en una fotografía o en un video en Vine, Instagram o Facebook. Vivimos relaciones electrónicas, y amores y desamores virtuales. Ahora lo *in* es subir tu vida entera a las redes. Pero a tus 20 años no habrías tenido tiempo para colgar algo en esas redes —de haber existido entonces— porque estabas colgando ropita de bebé, cambiando pañales e hirviendo biberones.

Recuerdo que en esa época vivías en Puerto Rico y jugabas a que todo te quedara perfecto. A ser la supermujer de 20 años. ¡La *wonder woman* boricua! Si hoy pudiera hablarte al oído, te diría: "Mantén la calma, mi'jita, y goza más el momento, que no sólo vendrán más hijos… sino más amores".

Consejos para una veinteañera

Toma nota de los siguientes consejos que deseo con toda el alma que pongas en práctica:

▸ *Ocúpate más y preocúpate menos.* Te lo digo yo cuando han pasado 30 años desde tus 20, y que ahora quisiera poder estar contigo y guiarte paso a paso. ¡Cuántos enojos y noches en vela te habrías evitado! Cuando llegues a los 50 y mires hacia atrás, entenderás que en la vida no hay que probarle nada a nadie más que a ti misma. No tienes que hablar de todos los sacrificios que haces para que la gente sepa lo buena mamá que eres, ni contar a todos que ayer trabajaste hasta las 11 de la noche para que tu jefe reconozca a la buena profesional que tiene en su nómina. Entre nosotras, creo que podrías haber sido mucho más feliz si hubieras perdido pronto el miedo al "qué dirán", y sólo te hubiera interesado probarte a ti misma lo buena y eficiente que eras. Con eso habría bastado para que los demás lo notaran.

- A tus 20 años te han pasado cosas que le atribuyes a la suerte. Lamento decirte que la suerte no es más que la preparación que espera que llegue el momento adecuado. Pon más atención a esos momentos que llamas casualidades. En realidad, son mensajes que Dios se encarga de enviar para que te enteres de sus planes. Cada casualidad —o, como muchos la llaman, "causalidad"— es resultado de un proceso silencioso entre Dios y tu alma. Si empiezas a alimentar tu vida espiritual, te percatarás de que en esta vida nada sucede sin que tenga un porqué.

- Sé lo entregada y trabajadora que eres. También sé que todas las oportunidades que te concede y te concederá la vida se deben a que te entregas por completo en lo que haces. *Sigue así.* Eso no debe cambiarlo nada ni nadie. Si trabajas, haz eso: trabajar. Si sales de casa dos días, y sacrificas pasarlos con tu hija, que sea para trabajar de verdad y no para perder el tiempo. Enfócate. Y sigue dando siempre lo mejor de ti.

- *No te avergüences por pedir el dinero que mereces por tu trabajo.* Ni te justifiques a la hora de solicitar un salario justo. A ti no te pagan porque tengas que pagar renta, ni porque sostengas a tu mamá. Te pagan por el buen trabajo que haces. Mantente bien informada de cuánto vales en el mercado y exige lo justo.

- *Aprende a no dar explicaciones por todo.* Cuanto menos des, mejor será. Como dicen por ahí: quienes te quieren no las necesitan, y quienes no te quieren, no las merecen.

- *Quiérete más.* Ahora escribiré para ti los párrafos que tal vez serán los más importantes de tu vida. Léelos con atención y si se te salen las lágrimas, no importa. Sécatelas y sigue leyendo.

> Sé que, pese a que eres una magnífica hija, una buena esposa y una gran madre, y a que has sido una niña muy querida, te hace falta el amor más importante para ser feliz: el amor por ti misma.
>
> Cuando una no se quiere a sí misma, Gi, acepta maltratos y desprecios. Vive colmada de miedos e inseguridades. Y, sobre todo, vive infeliz imaginando que todos están en su contra.
>
> Si no te das cuenta de todo lo que vales, y no te quieres lo suficiente, no podrás querer a quienes te rodean y no podrás ser completamente feliz. Ese termómetro que sube y baja nuestra propia felicidad se llama *autoestima*. Si no aprendes cuanto antes lo que hay que hacer para elevarla, tu vida no será lo feliz que quieres que sea.

▸ *Acostúmbrate a expresar palabras amables.* A lo largo de mi vida profesional, muchas mujeres se me han acercado para decirme que se creen feas, gordas, brutas e inútiles. Alguien se los metió en la cabeza y desde allí, como si fuera una peligrosa bacteria, ese pensamiento se propagó a todos sus órganos y se instaló en su corazón. Y cuando las abrazo y les digo: "Qué ojos más lindos tienes", por ejemplo, me miran con una luz que creo que nunca nadie antes había encendido. Entonces entiendo que nadie les dijo antes algo bonito.

▸ *Procura ser positiva y decir cosas que construyan y no que destruyan.* El poder de la palabra es tan grande que con una sola frase puedes cambiar una vida para bien o para mal.

- *Siempre ponte en los zapatos del otro antes de juzgar.* No hables a la ligera. Recuerda que todos los seres humanos, aunque fuimos creados iguales, no lo somos. Lo que para uno es una broma, para otro puede ser la frase que lo destruirá para siempre.

- *Ayuda a los demás.* Una de las cosas que más disfruto de mi profesión es poder ayudar a la gente. Por eso me encantaría crear un movimiento mundial en el que se pusiera énfasis en la importancia de elevar nuestra autoestima desde niñas. ¡Cuántos problemas nos evitaríamos de adolescentes y adultas! ¡Cuánta felicidad podríamos multiplicar en vez de restarla!

- *Eleva tu autoestima.* La autoestima se incrementa al conocer lo mucho que vales. ¡Cuántos sufrimientos te habrías ahorrado si a tus 20 hubieras hecho una lista de todas tus cualidades y te hubieras dado cuenta de lo valiosa que eras! Qué feliz habrías sido a los 20 si hubieras dejado ir a ese fantasma criticón que vivía en tu interior, hablando pestes de ti, mientras tú lo permitías… y, peor que eso, lo alimentabas. Nosotras, mi querida Gi, somos nuestras propias enemigas. A esa voz interna que te critica toda, hay que bajarle el volumen. ¡Qué digo bajarle el volumen! ¡Aniquilarla!

- *Tómate en serio.* Por eso, mi querida veinteañera, me hubiera gustado mirarte a los ojos y decirte claramente: "Gi, tómate en serio. Construye tu mundo sobre las bases sólidas de tus grandes cualidades. Que nadie se atreva a decirte que no sirves para algo. Que nadie se atreva a despreciarte. ¡Porque tú vales… y mucho!

▸ *Persigue tus sueños sin miedo.* Cada vez que lo sientas, dale gracias a Dios por permitir que te sucedan cosas buenas y sigue adelante. Segura, con optimismo. Pintando siempre de azul cualquier nubarrón gris que haya en tu cielo.

▸ *Enfrenta el miedo.* Al mencionar el miedo, recordé algo que me ha funcionado: una lo se vence enfrentándolo. Atrévete siempre a hacer eso que piensas que no serás capaz de hacer. Tú misma quedarás sorprendida al lograrlo.

▸ *No acumules rencores.* Sé que ahora, a tus 20 años, crees que el mundo es injusto y no entiendes mucho de lo que pasa a tu alrededor. ¿Quién no ha sufrido una "pataleta" causada por una injusticia? A medida que vivas entenderás que la vida es más fácil de lo que imaginamos. Que todo se paga aquí mismo. Que si no aprendes la lección, el universo vuelve y te manda la prueba. Escribe esto con mayúsculas en tu memoria y que ninguna rabia lo borre: "NO ACUMULES RENCORES NI PLANEES VENGANZAS".

▸ *No quieras tomar la justicia en tus manos.* El ímpetu de la juventud hace que muchas veces nos inventemos a una heroína interna que quiere resolver todo a la fuerza. Respira profundamente y sigue adelante, que el tiempo se encarga de poner todo y a todos en el lugar que les corresponde. Ten siempre claro que en esta vida algunas veces se gana y otras… se aprende. Nunca se pierde.

▸ *Sé más agradecida.* No olvides rezar todas las noches antes de dormir y todas las mañanas al levantarte. La vida te redobla los resultados positivos cuando tú le das las gracias por todo lo bueno que te ocurre, y también por lo malo, porque —como creo que te he transmitido—, en tanto no aprendas tus lecciones, Dios seguirá enviando maestros.

▸ *Amplía tus horizontes.* En este momento estás casada, tienes a Andrea en tus brazos y no vislumbras todo lo que te espera en el futuro. La profesión que has elegido, de actriz, es tu pasión, pero llegará otra, la de comunicadora, que te abrirá aún más puertas. No temas apartarte de esos caminos que crees que deben ser rectos. A veces hay que salir de ellos porque se abren puertas más grandes por las que puede entrar más gente y por donde, además —todo hay que decirlo—, se puede colar más éxito.

▸ *No te ahogues en un vaso de agua.* Convéncete: nada es para siempre. Ni siquiera los problemas. Todo pasa. El tiempo borra cicatrices. Te confieso que ahora me río de los problemas que tenías a los 20… ¡Al mirarlos de lejos se ven tan pequeñitos! Hasta esos problemas de amor que piensas que te provocarán un patatús que te llevará a la muerte, los olvidarás después de un tiempo. Créeme. Los olvidarás. Te garantizo que esos pequeños pedacitos en los que se rompió tu corazón por el dolor, se convertirán en pequeños luceros que iluminarán el camino por donde comenzarás una nueva historia de amor.

▸ *No busques el amor, él te llegará.* Sí, hablando de amor, no es necesario que lo busques, pues te seguirá llegando. Lo reconocerás con facilidad. Reirás más a menudo, las mariposas volverán a volar en tu estómago y, de pronto, todo, un atardecer, una nueva canción en la radio, e incluso un comercial de televisión, te parecerán inspirados en él y en ti.

▸ *Cuida mucho tu corazón.* No confíes en todos. Por tu profesión encontrarás a muchos que te adularán y se acercarán a ti sólo por figurar. Ten siempre muy claro que lo más importante de la fama es que te da la posibilidad de ayudar a quienes más lo necesitan. Pero la popularidad no es sino la consecuencia de trabajar en un medio donde tu imagen se ve más expuesta que en cualquier otra profesión. Usa esa ventaja para llegar a más gente y ayudarla.

▸ *Comprende por qué algunas personas salen de tu vida.* Conocerás mucha gente; unos se quedarán por un periodo pasajero y otros te acompañarán hasta el final. Yo comparo la vida con un tren: en cada estación suben unos viajeros, bajan otros, y algunos más llegan con nosotros hasta el destino final. Toma en cuenta que si algunos salieron de tu vida fue porque ya no tenían que estar. Habían cumplido su misión. Y los que aún están, permanecen porque Dios quería que te acompañaran hasta hoy. A veces, cuando seas mayor, te preguntarás por qué hubo personas que pasaron por tu vida tan poco tiempo. Piensa en la lección que te dejaron y ésa será la respuesta.

▸ *No tienes que decirle sí a todo el mundo.* Al recomendarte esto, lo que pretendo que quede sellado en tu mente es que necesitas aprender cuándo decir "no". Como comenta Bill Cosby: "No conozco el secreto del éxito, pero el del fracaso es tratar de complacer a todo el mundo".

A medida que pase el tiempo y ejercites ese músculo del "no", te darás cuenta de dos cosas:

1. Que no es tan difícil decirlo.
2. Que la gente lo acepta igual que el "sí". La película de lo que se iba a armar si lo decías sólo existía en tu mente.

▸ *Tampoco hables mal de la gente.* Si lo haces, los testigos se darán cuenta de que al irse de tu lado, también hablarás mal de ellos.

▸ *Abraza a tus padres.* Sabes perfectamente que a los 20 nos creemos inmortales e invencibles. Pensamos que la vida que tenemos por delante no tiene fecha de vencimiento. No es así. A los 50 ya no estarán ni mamá ni papá a tu lado. No dejes de decirles un solo día "te quiero" y de abrazarlos porque una mañana te levantarás y tendrás que enviar tus "te quiero" al cielo.

▸ *Goza los momentos de felicidad.* La vida, mi querida Gi, te traerá innumerables momentos de felicidad, pero también muchos de tristeza. Goza al máximo los episodios felices para que en los tristes te acuerdes de ellos.

▸ *No pierdas la oportunidad de viajar y conocer el mundo.* No te quedes esperando con quién ir, o que llegue más dinero para gastar… o que los niños crezcan. La vida es lo que uno hace con ella, y créeme que cuanto más temprano empieces a gozarla, más te durará ese gozo.

▸ *No gastes todo tu dinero.* Gasta la mitad de lo que ganes y come la mitad de lo que te sirvan en el plato.

Realiza tus exámenes médicos con periodicidad; así llegarás a los 50 con buen cuerpo, buena salud y buenos ahorros.

49 cosas que deberías hacer antes de llegar a los 50

1. Aprender a cambiar una llanta.
2. Hacer trabajo voluntario.
3. Dormir bajo las estrellas.
4. Viajar sola y disfrutarlo.
5. Llevar una serenata.
6. Sembrar un árbol.
7. Hacer una locura por amor.
8. Conocer al menos una de las siete maravillas del mundo.
9. Experimentar lo que se siente subir a una montaña rusa.
10. Aprender otro idioma.
11. Aprender a nadar.
12. Darte un baño de espuma con velas y música incluida mientras tu marido cuida a los niños y compra una pizza para cenar. Porque ése es tu tiempo y tú lo mereces.
13. Tomarte una fotografía junto a tu ídolo.
14. Tener una mascota.
15. Bañarte desnuda en el mar.
16. Bailar bajo la lluvia.
17. Hacer realidad una de tus fantasías.
18. Participar en un retiro espiritual.
19. Ayudar a alguien a lograr su sueño.
20. Pagar la cuenta a un extraño en el supermercado.
21. Tener el trabajo que siempre deseaste.
22. Saber cuál es la dieta que te funciona.
23. Hacerte una sesión de fotografías donde salgas hermosa.

24. Conocer al amor de tu vida (aunque después llegue otro que te haga dudar que el anterior lo fue).
25. Confesarle tu amor a alguien, aunque sepas que no es correspondido.
26. Vencer un miedo.
27. Perdonar a alguien que te haya hecho sufrir.
28. Ir a una cita a ciegas.
29. Salvarle la vida a un animalito.
30. Construir tu árbol familiar.
31. Reconectarte con alguien de tu pasado.
32. Comer algo exótico que jamás pensaste que probarías.
33. Escalar una montaña (no tiene que ser la más alta).
34. Hacer karaoke.
35. Escribir un diario.
36. Tomar muchas fotografías y hacer un *scrapbook* o álbum.
37. Aprender a tocar un instrumento musical.
38. Regalar a alguien algo muy preciado para ti.
39. Hacer una fogata.
40. Ver un amanecer.
41. Caminar descalza por la arena bajo la luz de la luna.
42. Mandar flores sin razón especial.
43. Cambiar tu *look*.
44. Ir a pescar.
45. Inventar una receta de cocina.
46. Volver a jugar los juegos que gozabas de niña.
47. Reírte de ti misma.
48. Agradecer algo a alguien todos los días.
49. Mandarte una carta a tus 20 años con tu propia lista de cosas que deberías haber hecho antes de los 50.

Antes de despedirme, quiero darte las gracias, mi querida veinteañera, por haber construido tan bellos recuerdos en mi vida. Son los tesoros que guardaré en la mente y cuya llave se esconderá siempre en mi corazón.

La que más te quiere,

Gi

Carta a una abuelita

Después de leer y releer la carta que le escribí a mi Giselle de 20, con la velocidad de un rayo pensé en lo que ocurrirá en mi vida cuando tenga 80 años. Entonces decidí escribirle también a esta señora de la tercera edad buscando que se prepare para lo que le espera.

Mi querida abuelita Gi:

Espero que estés leyendo esta carta en una playa soleada y que tus ojos tengan enfrente un paisaje maravilloso de ésos que, sin importar la edad que tuvieras, siempre agradeciste a Dios.

Espero también que no seas tan atrevida para estar en bikini, pero confío en que la rutina para vagas y los chocolates que no te hicieron caer en tentación hayan permitido que 30 años después te mantengas flaca. (Shhh: acá entre nos, si algo se cayó, tranquila, que bastante tiempo duró firme. Ya era hora de que la gravedad hiciera lo suyo.)

Deseo que estés rodeada de nietos maravillosos que te recuerden a tus hijos. Y que ya sólo te preocupes de consentirlos. Que por la noche, antes de dormir, les cuentes que cuando eras niña no existía la tecnología, los niños jugaban pelota en la calle y las familias se miraban a los ojos a la hora de cenar sin aparatos que los distrajeran.

Me imagino que seguirás siendo la portavoz de L'Oréal y en tu cabello no habrá una sola cana. Y que tu línea Gi by Giselle Blondet se habrá extendido por toda Latinoamérica. A tus 80 ya lograste lo que querías: crear un movimiento que ayude a las mujeres a superarse. Además, tu empresa te ha permitido crear más fuentes de trabajo para ellas.

Hace 30 años comenzaste el camino que te hizo llegar en una condición maravillosa a los 80. Planeaste tu futuro ahorrando y enfocándote en cómo realizar tus sueños. Eres la mujer que siempre soñaste ser. Te veo disfrutando la vida, a tu numerosa familia, y muy ocupada escribiendo un nuevo bestseller.

Supongo que los despistes serán mayores, y que a tu lado habrá quien te recuerde que ese nuevo libro que estás escribiendo no se puede llamar de otra manera que *Tengo 80 ¿y qué? Los 80 son los nuevos 30.*

Mientras tanto, abuelita, yo sigo viviendo cada momento con toda la intensidad posible, para que cuando nos encontremos a los 80 no tengamos de qué arrepentirnos. Aquí a los 50 ya comprendí que cada instante que dejamos pasar no es más que eso que llamamos vida.

La Giselle de 50

Para no olvidar, mi amiga

- ✓ Todo pasa… todo llega.
- ✓ Quiérete un poco más y alimenta continuamente tu autoestima. Trátate como quieres que te traten los demás.

- ✓ No hay nada mejor que vivir un día después del otro. Eso siempre me lo decía mi madre.
- ✓ Cada edad tiene su magia. Hay cosas que puedes hacer a los 50 que no podías hacer a los 20 o a los 30, y a la inversa.
- ✓ Recuerda que en la vida de las personas todo tiene su tiempo. No compares tu vida con la de otros. Por ejemplo, si no te casas como lo hicieron tus amigas o tus familiares, amiga mía, eso no te hace perder valor.
- ✓ Visita tu pasado: analiza, sana, ríete, perdona, pero no te quedes en él. Tienes un futuro que te espera y comienza hoy.

CAPÍTULO 9

Y no es que todo termine... es que puede volver a empezar

A la edad en que pensamos que todo debe estar organizado y estable, y que ya debe aparecer el letrerito: "FINAL FELIZ", a veces el Universo te revuelve las fichas, lo que exige que empieces a destaparlas para comenzar un nuevo juego... La diferencia es que ahora eres una campeona.

¿Un nuevo trabajo? ¿Una nueva vida? ¿Un nuevo amor? Relájate y empieza a mover tus fichas con astucia. Justo a los 50 años, después de siete años de ser la conductora de *Nuestra Belleza Latina*, como sabes, decidí comenzar un nuevo camino. El de empresaria y productora.¿Que si me dio miedo? ¡Claro que sí!

Aquella mañana que me presenté en *Despierta América* y le conté al mundo que no estaría en la nueva temporada de *Nuestra Belleza Latina*, mis redes sociales se inundaron de mensajes. Muchos me deseaban suerte y otros no entendían por qué me despedía.

En ese mismo programa en el que trabajé tantos años le conté a mi público querido que terminaba una etapa y comenzaba otra en la que necesitaba tiempo para concentrarme en mis nuevos proyectos. Ahí estaba también mi querida Alejandra Espinoza, quien me emocionó al decirme que yo había inspirado mucho, no sólo a ella, sino a todas las candidatas que participaron en la competencia.

En la vida hay que pensar con claridad a la hora de tomar decisiones. Y permíteme decirte que tener las cosas en claro no es garantía de que el miedo a no tomar la decisión correcta no aparezca. Además, ¿sabes?, también puedes equivocarte.

No lo olvides: toda decisión que tomes en la vida generará un cambio, y todo cambio implica un riesgo. Eso es normal.

Si yo no hubiera tomado la decisión de apartarme temporalmente de la televisión, hoy no podría estar escribiendo este libro, ni me hubiera podido dedicar como quería hacerlo a coordinar durante un año completo cada uno de los detalles de mi línea de ropa de cama y de joyas. Y planificar lo que viene.

Las cosas que nos ocurren en la vida, aunque no todo el tiempo sean las más agradables, siempre traen consigo una oportunidad. Quizás un cambio de empleo que no tenías programado porque te sentías muy cómoda donde estabas, provoque que reconozcas otros caminos que te pueden llevar a esa posibilidad que no imaginabas.

Y si te equivocas, mientras puedas levantarte en la mañana y respirar, tendrás otra oportunidad. Porque todos nos equivocamos: grandes empresarias, artistas famosas, la persona que más admiras, también lo hacen. Las que escriben libros de consejos, incluidas terapeutas y expertas en diferentes áreas de la vida, ellas también cometen errores.

La diferencia es qué haces tú con esa experiencia. ¿Te deprimes, empiezas a llenar tu saco con culpas hasta que te paralizas? No. Analiza. Piensa en las razones por las que tomaste esa decisión "incorrecta". Vuelve al principio. Reflexiona cuál fue el motivo para tomar esa decisión, cuáles son tus metas y si hay otras formas de lograr lo que quieres. A veces nos quedamos estancados como toros testarudos pensando que lo que planificamos sólo puede ocurrir de una manera, sin considerar otras opciones.

Qué hacer antes de tomar una decisión

Para tomar esa decisión trascendental seguí cinco pasos que te recomiendo dar antes de iniciar este proceso.

1. *Prepara una lista de los pros y los contras.* Preparo una lista de los pros y los contras de lo que voy a hacer. ¿Cómo afectará mi vida? ¿Cómo me beneficiará? ¿Cuáles son los riesgos? No es cuestión de que gane la lista más larga. Si los pros son menos, pero muy importantes para mí, y siento que puedo navegar entre esa lista de contras y salir airosa, me lanzo.

2. *Pide consejo a personas experimentadas.* Pido consejo a personas que han vivido más que yo o que han experimentado situaciones similares. Escucho a todos. Trazo mi estrategia utilizando los diferentes puntos de vista de mis consejeros. No dejo que nadie me obligue a hacer nada. Si no estoy segura de lo que voy a hacer, no me dejo influenciar.

3. No tomes decisiones a la ligera. No me apresuro a tomar decisiones. A medida que pasan los días, todos los elementos tienden a caer en su puesto y eso le da claridad al proceso. Si éste se enreda mucho, lo suelto un rato. Muchas veces he tomado decisiones que no me han convenido, presionada por los requerimientos de tiempo de otras personas o porque quiero solucionar algunas de las múltiples responsabilidades que debo atender.

4. Acepta los cambios. Si los cambios son provocados por factores externos y no voluntarios, los tomo como bendiciones que Dios me manda. Estoy absolutamente convencida de que en ocasiones Dios se encarga de mover las fichas para darte un juego mejor. Recuerda que los tiempos de Dios son perfectos.

5. Presta atención a las señales de cambio. Siempre estoy atenta a las señales de un cambio. Cuando veo que los acontecimientos se inclinan hacia un lado que no es el que quiero, me voy preparando. Lo peor que puedes hacer es quedarte quieta y fingir que nada ocurre. Cuando veas que algo puede producir un cambio en tu vida, prepárate. Aquí incluyo síntomas de enfermedad, problemas en el matrimonio o en el trabajo… Si sabes que en tu empresa o en cualquier otro sitio donde trabajes están haciendo ajustes, como puede ser un recorte de presupuesto, no esperes a que te despidan para buscar otras oportunidades. Cualquier circunstancia negativa que empiece a presentarse en tu vida debe generar una reacción inmediata tuya para buscarle solución.

Sí, en este nuevo juego se vale dudar

Aquí ya hemos hablado mucho de lo que implica cumplir 50 años y de lo chévere y positiva que me siento en este momento, pero cabe destacar algo para que los lectores no se confundan y piensen: "Ah, bueno, es que Giselle es una suertuda. A ella no le importan los 50 porque es cuando mejor está, y está así porque es extraterrestre, ya que todas las demás sufrimos mil problemas".

Amiga mía, confieso que no soy extraterrestre. Me he percatado de que, aunque tenga 50, los días siguen pasando. Voy 50 más un día, 50 más un mes, y llega un momento en que me asusta lo que le sigue. Y sí, siento que es un número que pesa. Siento que… ay, Dios mío, ¿y entonces? Miro mi cuerpo cuando me voy a bañar, me veo completa de arriba a abajo a ver si encuentro algún cambio. Así también he de confiarte que otros días me levanto y entro directamente a la ducha evitando mirarme al espejo… Los recordatorios llegan por todos lados. Y eso no es todo; voy al médico y el médico me dice: "Ya tienes 50, acuérdate que tendrás que empezar a esperar ciertos cambios que van a ocurrir".

Confieso que realmente me asusto, pues me imagino vieja, con achaques, con arrugas, desmemoriada… Pero también aclaro que soy fuerte. Yo voy *pa'lante*. Siempre hacia adelante.

A esta edad he aprendido que en lo único que tengo control es sobre mí misma. Sobre la manera en que reacciono a lo que me ocurre en la vida. Hace tiempo entendí que cada cambio al que la vida me somete, es una nueva oportunidad de aprender, de crecer, de mejorar, de ser más feliz.

No te preocupes, ocúpate

¿Qué hago cuando me asaltan esos temores tan normales? Allí mismo me detengo: "¡Giselle, no!" Cancelado ese pensamiento. No tienes por qué sentirte así. Es como si llegar a los 50 indicara que debes sentir de cierta manera. Pero te juro que lo he hablado muchas veces y lo critico. Después de todo, ¿quién puede decirnos cómo debemos sentirnos a los 50 años? ¿Acaso la sociedad es la que nos obliga? Pues sí, y nos acostumbramos tanto a escuchar ciertas cosas que, sin querer, el subconsciente nos traiciona. Entonces, querida amiga, no te dejes llevar por lo que la gente dice. Tú eres quien decide si a los 50 te encierras a llorar oyendo boleros de Los Panchos, o sales a la calle a comerte el mundo.

Esto no quiere decir que esta "extraterrestre" no flaquee en ocasiones. ¡Claro que lo hago! Te cuento que cada vez me encuentro en más momentos preocupándome por mi edad. Pero eso para mí no es aceptable. No quiero preocuparme por mis años. Quiero ocuparme de ellos: que se conviertan en los mejores de mi vida. Te lo dije desde el principio: estoy decidida a que así sea y así será.

30 lecciones para ti y para mí

Para lograrlo pienso aprovechar al máximo las mejores lecciones que me ha dado la vida, y quiero regalarte las siguientes:

1. Enfócate en lo que realmente quieres y lo conseguirás.
2. Siempre intenta ayudar a los demás.

3. Nunca te guardes un "te quiero" o un "gracias".

4. Sé agradecida y dilo. Estar agradecido y no decirlo es como envolver un regalo y no darlo.

5. No aparentes lo que no eres. En la vida es más feliz quien se muestra tal cual es.

6. Las discusiones no hay que ganarlas siempre.

7. El universo tiene buena memoria, y lo que le das, te lo multiplica.

8. Contempla cada dolor que has vivido como el que hizo posible que te fortalecieras. No te apegues a nada.

9. Nunca pierdas la curiosidad ni la capacidad de sorprenderte.

10. La razón no siempre será tuya.

11. Las personas no son totalmente malas ni totalmente buenas. Antes de juzgar a alguien, ponte en sus zapatos.

12. Todo pasa.

13. Nunca pierdas la fe en que los milagros suceden a diario.

14. Registra todos tus momentos felices. Más adelante esas fotografías te devolverán la alegría que estás viviendo ahora.

15. Pierde el miedo a preguntar.

16. Trata bien a todos. Bien dicen que tengas cuidado con cómo tratas al que te encuentras de subida, porque puedes volver a encontrarlo de bajada.

17. Enséñale a alguien más lo que te enseñaron a ti.

18. Nunca dejes de sonreír, aunque te estés muriendo por dentro.

19. Procura decir cosas positivas constantemente.

20. No te tomes tan en serio. Dicen por ahí que los ángeles vuelan porque saben cómo tomarse a la ligera.

21. Ama cada momento de tu vida.

22. Sigue tus sueños, no tus temores.

23. El dolor es parte del crecimiento.

24. Trata de ser mejor persona todos los días.

25. No te rindas. Sigue intentándolo.

26. Escucha tu intuición.

27. Quien no se arriesga, no progresa.

28. Lleva un diario de tus logros para que no olvides que sí puedes.

29. No tengas miedo a equivocarte.

30. Busca soluciones. Cuando se presente una situación en tu trabajo o en tu vida personal, en vez de quejarte, actúa.

Para no olvidar, mi amiga

✓ En esta vida hay que reinventarse todas las veces que haga falta, sea cual sea tu edad.

✓ Nunca tomes una decisión en pleno arrebato de rabia o de tristeza.

✓ Vive atenta a las señales que indican cambios.

✓ Haz tu propia lista de las lecciones que te ha dado la vida, y léelas una y otra vez.

✓ Adopta una actitud positiva y manten los ojos abiertos para poder reconocer esa oportunidad o esa respuesta que estabas buscando.

CAPÍTULO 10

Perdón y cuenta nueva...

Una de las cosas (¡muchas cosas!) buenas de llegar a los 50 es que una hace un balance de lo vivido. Piensas en las personas que han pasado por tu vida, en las que se quedaron, en las que te acompañan ahora y, ¿por qué no?, en las que aún están y no deberían estar ya. Al hacer ese balance, pensé que no puedo terminar este libro sin dedicarle un capítulo entero al perdón.

Perdonar, para mí, es uno de los ejercicios más difíciles, pero uno de los más liberadores que he practicado. Cuando guardas rencores, guardas enojo. Es como si amarraras tu corazón y tú misma limitaras tu capacidad de ser feliz.

Definitivamente, para mí, una persona no puede ser feliz cuando conserva en su corazón uno de los sentimientos más tristes. Amiga mía, lo he comprobado: cuando uno no perdona, provoca no sólo separaciones sino también la propia tristeza.

El perdón puede tardar en llegar

Antes era muy común no perdonarse entre familias. Lo peor era que los rencores se debían a lo que hoy incluso podríamos considerar situaciones triviales. Algunas familias no se hablaban durante 20 años, simplemente porque nadie se atrevía a hacerlo o quería dar el primer paso. El orgullo también contribuía con su daño y se plantaba firme para impedir pedir perdón a una persona; así, como si nada, alimentando rencores y guardando pesares, esas familias perdían 20 años de su vida.

De hecho, mi mamá y mi papá son el perfecto ejemplo de la pérdida de muchos años de su vida. Yo diría que pasaron unos 20 años peleando sin perdonarse. Por supuesto, eso me afectó muchísimo, como su única hija. Todo el tiempo uno me hablaba mal del otro, y se cegaban de resentimiento y rabia.

Recuerdo que una vez mi mamá me dijo que mi papá había sido un mujeriego. Me dolió… En fin, la cuestión es que cuando me casé por primera vez, mi papá no pudo entregarme; lo hizo Ralph, mi padrastro. Dios sabe por qué hace las cosas. Al final sentí alegría por Ralph, porque conmigo logró lo que no pudo realizar con su propia hija. Mi padrastro murió antes de que mi hermana se casara —ella tenía sólo 12 años entonces—, pero en mi boda pudo experimentar lo que se siente llevar a una hija hasta el altar. Mi papá no pudo entregarme la primera vez que me casé, aunque sí lo hizo en mi boda con el papá de Harold y Gabriella.

Volviendo a los tiempos de mi primer matrimonio, mi papá se volvió loco de alegría cuando mi hija nació; sin embargo, llegado el momento de bautizarla, mi mamá me dijo que si mi papá iba, ella no se presentaría. Nunca olvidaré que, en una cena con él, mi madrastra y mi ex esposo, tuve que decirle a mi padre que no podía ir al bautizo de esa nieta a quien tanto amaba. Sí, leíste bien: le prohibí a mi papá ir al bautizo de su nieta para no ofender, según yo, a mi mamá. Tengo grabada la imagen de mi papá llorando al despedirnos esa noche. En esa época yo también era muy inmadura. Si hoy mi mamá, mi papá o cualquier persona me pidieran hacer una cosa como ésa, no le haría caso.

Así pasó el tiempo. Yo mantenía una gran tristeza y vivía con esa agonía hasta que llegó la celebración del primer año de vida de mi hija. Le hice una fiesta por todo lo alto; incluso mandé a construir un bosque encantado en un restaurante en Puerto Rico, con una preciosa vista al mar. Recuerdo, como si fuera hoy, cómo me desahogué con mi tía Myrna y le dije que no podía seguir viviendo así. Complaciendo los dictados de los rencores de mis padres. De lo único que estaba segura era de que no quería eso para mi hija.

Yo soñaba con que mi hija tuviera a sus dos abuelos. Diría que, gracias a mi pequeña Andrea, esa situación se solucionó porque por ella me armé de valor y hablé con mi mamá:

—Mami, quiero que vengas al cumpleaños de Andrea, pero te aclaro que invité a mi papá; además, no quiero seguir escuchando quejas de él porque yo no tengo nada que ver con los problemas que ustedes tuvieron.

De igual manera, hablé con mi papá:

—Estás invitado, Papi, ojalá vengas, pero también está invitada mi mamá y no quiero volver a escuchar nada en contra de ella.

Recomendaciones para pedir perdón y ser feliz

Llegó el gran día del cumpleaños de mi niña, que estaba preciosa. Fueron todos mis primos, mis tíos y mis amigos.

Y allí aparecieron mi mamá y mi papá. Lo mejor es que a partir de ese día comenzaron una gran relación de amistad. Hasta el punto de que cuando yo iba a Puerto Rico, me quedaba con mi madrastra en el hotel viendo películas, mientras mi mamá y mi papá iban al casino y disfrutaban durante horas como los buenos amigos que debían haber sido desde el principio.

Éstas son mis recomendaciones para pedir perdón:

1. Ármate de valor para cambiar las circunstancias y serás feliz

Gracias a que me armé de valor, pude construir esa felicidad para mi familia. ¿El resultado de los 20 años de rencor entre mis padres? Veinte años de sufrimiento. Veinte años que me afectaron a mí como hija y que creo también que tuvieron mucho que ver con mi incapacidad para mantener una relación saludable con una pareja que hubiera podido durar toda la vida. Sí, fueron 20 años perdidos. Por orgullo, por rencores, por no sé qué... Pienso y pienso, y no le encuentro justificación. ¿Tú quieres eso para tus hijos? ¿Para ti? Te lo repito por si no lo archivaste bien en tu cerebro: ármate de valor y cambia las circunstancias para ser feliz.

2. Da el primer paso

Por todo eso pienso que cuando hay rencillas entre dos personas uno tiene que dar el primer paso. Para mí, ésa es la persona más valiente: la primera que se atreve a ofrecer disculpas. La primera persona que, aunque esté convencida de que tiene toda la razón en una discusión, sea capaz de abrir el camino para una conversación donde se digan: "Si te ofendí en algo, si hice algo en contra tuya, te ofrezco disculpas y quisiera escuchar lo que sentiste".

3. Dale a la persona la oportunidad de hablar

Brinda la oportunidad a esa persona de hablar, de expresar y establecer la posibilidad de perdonarte. Perdonarse es liberarse de cadenas que te atan, porque cuando perdonas te sientes mejor contigo misma. Te sientes libre. Te sientes en paz.

4. Bríndate a ti y bríndale a la otra persona la oportunidad de sentir felicidad

Si en este momento tu orgullo no te deja perdonar, tal vez esto te ayude: recuerda que quien perdona primero es la persona más fuerte, la más valiente. Si quieres, como suelo decir, sé un poquito egoísta y hazlo por tu propia felicidad. Piensa que siempre quien perdona es más feliz. Y siente más paz.

5. Pide perdón, y tu vida será buena y positiva

Cualquiera de esas razones traerá consecuencias buenas y positivas a tu vida. Así que hazlo: pide perdón. A mí sinceramente me han pasado muchas cosas tristes en mi vida y en verdad agradezco a Dios, quien me ha regalado la posibilidad de perdonar y, sobre todo, de olvidar.

6. Lima asperezas, sin pensar que todo volverá a ser igual

Hablemos más claro todavía. Perdonar a esa persona no quiere decir que tu relación con ella tenga que ser igual que antes de la rencilla que tuvieron. Quizás el tiempo que estuvieron separados hizo que crecieran por rumbos diferentes, y la amistad, o el amor, ya no sean el mismo. No importa. No sugiero que vuelvas a casarte con ella ni que sea tu mejor amiga. Simplemente, lima las asperezas, perdónala, y te aseguro que los corazones de ambos se sentirán felices.

7. No repitas los patrones problemáticos

Es posible que la relación cambie un poco, pero no confundas ese sentimiento con rencor. Por ejemplo, si lo que no te gusta es que la otra persona divulgue lo que tú le dices en forma confidencial, ya sabes que esa relación no es confiable. No repitas los patrones que provocaron el problema.

8. No tienes que sacar a la persona de tu vida, pero si es necesario, hazlo

Ya sabes que puedes modificar la relación, pero tampoco tienes que sacar a esa persona de tu vida. Sin embargo, si él o ella te ha hecho mucho daño y en efecto quieres excluirla de tu vida, regálate la oportunidad de hablar con ella y explicarle lo que ocurrió en el fondo y cuánto te dolió lo que te hizo. Dile que la perdonas de verdad, que la liberas y te liberas de esa presión, aunque entiendes que, ante esas circunstancias y la falta de afinidad por la forma de ser de ambos, no podrán tener una relación.

9. No te atores en el resentimiento

El resentimiento es un lodazal en el que las botas se ato-ran, lo que te impide seguir caminando. El mejor consejo que puedo darte es que sueltes las cosas y no insistas en pensar en ellas. No te quedes atado a algo que ya ocurrió. Lo que pasó ya no puede tocarte hoy —a menos que tú se lo permitas—, porque el pasado no existe. Convéncete: lo ocurrido, por más feo y terrible que sea, ya no existe.

10. Perdona hasta donde te sea posible

Aunque soy amiga del perdón y aconsejo que lo practique todo el que guarda rencores, no dejo de asombrarme cuan-do veo a una persona perdonar a alguien que cometió un acto criminal en el que, por ejemplo, falleció un ser queri-do. En este caso pienso: "Dios mío, ¿cómo es posible que esa persona haya podido perdonar a alguien que le quitó la vida a su ser amado?"

Siento una profunda admiración por quienes saben per-donar y me pregunto si yo sería capaz de hacerlo en un caso extremo como ése. No lo sé porque, gracias a Dios, nunca he estado en esa situación, y le ruego a Él que nunca me ponga en ella. Lo que sí sé es que si esa persona que perdonó hubiera optado por mantener su odio, nunca po-dría traer de nuevo a la vida a quien perdió. Lo que sí pue-de hacer es liberarse del odio; así, aunque el dolor perdure, será por la gran pérdida sufrida, pero no por el rencor que después no permite seguir adelante. No será ese dolor que no te deja ser feliz, ese dolor que impide perdonar.

Te contaré cómo perdoné yo...

Entiendo que para ti, a quien han hecho tanto daño, es muy difícil ofrecer el perdón que te recomiendo. Sé perfectamente que duele tanto, tanto y tanto, que perdonar es un ejercicio muy fuerte y muy grande.

A mí me costó perdonar a alguien y *perdonarme* a mí misma por haber sido parte y por vivir una experiencia sumamente dolorosa con esa persona. Te la contaré como me la dicta hoy mi corazón. Sólo espero que esta confesión respecto de ese tremendo dolor en mi vida, te ayude a sanar tus heridas.

No mencionaré su nombre por respeto. Se trata de alguien que llegó a mi vida siendo yo una adolescente y que era más de 16 años mayor que yo. Ese hombre me enamoró y, ya de adulta, me reencontré con él. Me manipuló y me hizo creer que se quitaría la vida si yo no estaba con él.

Compartí mi vida con esa persona, quien tenía problemas de alcoholismo, por corto tiempo, sufrí bastante. Me maltrató mucho emocionalmente y en una ocasión casi lo hace de forma física.

Gracias a Dios, logré evitar que ocurriera. En ese momento salí de la relación, aunque me costó mucho dolor y muchas lágrimas. Trabajaba en Argentina con mi hija, sin mi familia, sin mis amigos, en una época en que no podíamos comunicarnos por celular, ni por correo electrónico ni mediante redes sociales, porque no existían. Esa persona se quedó con todo mi dinero. Se quedó con todo mi trabajo. Y sí, me costó mucho trabajo perdonarlo. Mucho de verdad porque, además, me avergonzaba.

Por primera vez hablo en voz alta de una relación de la que no me gusta hablar. Es parte del pasado y, como siempre afirmo, al pasado uno no debe darle lugar en el presente. Lo menciono ahora para que sepas que soy un ser humano como tú; si confieso mi historia es para que entiendas por qué hay que perdonar. Para que todos mis lectores comprendan lo que viví, lo mal que me sentía al estar llena de rencor, y puedan inspirarse para también liberarse.

Quienes piensan que mi vida ha sido color de rosa, y por eso hoy soy así de graciosita, se equivocan. Mi vida no ha sido fácil, y no hablo sólo con base en estadísticas ni estudios. A mí este libro me lo dictan mi corazón y mis experiencias. Quiero que sepas que durante muchos años albergué un resentimiento por el enorme daño que ese hombre me hizo. Sólo pensar en él me causaba un coraje y una rabia inmensos.

Me avergonzaba hablar de eso que sentía. Estaba convencida de que había hecho algo malo al relacionarme con esa persona que me hizo sufrir, tanto que incluso ahora aún me cuesta escribir acerca del tema.

Me casé con él por todas las razones equivocadas. Empezando porque no quería hacerlo. Me casé por pena, ya que esa persona estaba enferma. Me casé porque me sentí presionada, como si le debiera algo. Como si viviera una novela… una de las tantas en las que actué. Así me convertí en la protagonista sumisa y sacrificada. Me volví yo misma la víctima de mi propia novela.

Si estás en una situación parecida, te pregunto: ¿quieres ser la princesa con final feliz o la víctima? Eso también, mi amiga, sólo puedes decidirlo tú.

Con ese hombre me casé sin que mi madre, mi padrastro ni mi padre lo supieran. Se enteraron esa misma noche. Recuerdo mi imagen llorando en el baño del lugar donde de pronto abrí los ojos y me encontré lista para casarme... Aprovecho para decirte que no hay nada ni nadie que pueda obligarnos a escribir nuestro destino. Es fundamental que hagamos lo que deseemos con el corazón. No hay que sentir que le debemos nada a nadie, hasta el punto de hacer algo que nos cause infelicidad.

Si algún día lo tuviera enfrente

Finalmente, después de mucho trabajo interno, pude perdonar a ese hombre. No se lo dije personalmente, pues nunca más lo vi. Sólo le pido a Dios, como última prueba para mí, que si algún día me lo encuentro de frente, pueda comunicárselo. Y si me está leyendo, éstas son mis palabras para él: "Ya te perdoné. Ahora me siento más tranquila porque pienso que por esa experiencia pude ayudar a otras personas, incluso a mis propias hijas".

Esto me permite también darte a ti y a mis demás lectores las herramientas que me resultaron útiles. Que hicieron posible que lo confesara tras sentirme tan avergonzada y atada al pasado. Eso no era bueno para mi autoestima y al empezar a hablarlo, a contar lo que me había ocurrido, como una experiencia que le puede pasar a cualquiera, me sentía la peor de las mujeres.

Nadie tiene la vida perfecta y todos cometemos errores. Pensar en eso me ayudó a superar mis temores. Asimismo, me permitió comenzar a perdonarme. Por eso afirmo que mientras tú no te perdones, no podrás ser feliz. De verdad que no.

Perdonar alivia

Cuando mi mamá perdonó a mi papá, empezó a sentirse cada vez mejor consigo misma. Igual le ocurrió a él. Y la cadena de amor se alargó. Después, mi padrastro le pidió perdón a mi papá, porque ellos también tuvieron una relación muy difícil. ¡Fue tan lindo presenciar eso!

Cuando mi padrastro ya estaba muy enfermo y le quedaba poco tiempo de vida, en una reunión familiar en mi casa le pidió perdón a mi papá por todo lo ocurrido. Al hacerlo, Papi tocó con sus manos el muslo de mi padrastro, a quien tanto quiero yo, y le dijo: "No te preocupes, Ralph, todo está bien, todo está tranquilo, de verdad", y sellaron el perdón con un abrazo.

¡Qué escena tan bonita!

El perdón es amor

Cuando veo esas cosas, confirmo que el amor es el sentimiento más poderoso del mundo. Para mí, Dios es amor. Al pensar en lo que es —y respeto lo que éste significa para cada persona—, pienso en Dios y me convenzo de que para Él no hay imposibles. Uno es capaz de lograr todo con el amor.

Tú desarmas a una persona con amor y por amor; de ahí que perdonar sea un acto amoroso. Cuando perdonas a alguien eres más fuerte, porque tienes el alma más poderosa. Porque le entregas ese sentimiento a otra persona. La desarmas con amor. Llenas tu corazón de esa energía y de esa luz, que son las más potentes y que lo representan. Así que, reparte amor por doquier. Háblales con amor a las personas que vengan y te ataquen. De la misma manera que he repetido la palabra *amor* en este párrafo, así debe repetirse y ejecutarse ese sentimiento en tu vida, porque es la base de todo lo demás. Sobre todo, del perdón. Ojalá suspendas la lectura de esta página para llamar a esa persona que llenó tu alma de rencor... para luego reanudarla, renovada.

Tal vez en este momento pienses: "¡Caramba, Giselle, qué decisión más difícil me sugieres tomar!" Mira, es tan fácil como decir a la otra persona: "¿Por qué me hablas así? Si quieres discutir, tengamos una discusión en paz". Créeme que así la desarmarás. Y ese espacio que ocupaba el rencor en tu alma quedará vacío para que puedas llenarlo sólo de sentimientos positivos que alegrarán tu vida.

Vitaminas para el alma

Yo crecí católica y soy católica. Estudié en un colegio de monjitas hasta cuarto grado y nunca fui tanto a la iglesia porque, la verdad, mi mamá no lo acostumbraba. Pero, como estudiaba en un colegio católico, allí sí lo hacía. Y no sé si tuvo que ver mi madrastra o los vecinos de la casa donde vivía con mi mamá cuando era chiquita, pero siempre me gustó todo lo que tenía ver con Dios o, como yo le digo, Papá Dios.

Recuerdo que una de mis vecinitas era bautista. Me invitaba a su iglesia y a mí me fascinaba ir a las clases bíblicas. Me encantaba conocer todas esas historias. Creo que en la niñez mi semana favorita era Semana Santa porque en ella, aunque todos iban a la playa, había mucho recogimiento espiritual y mucha unión familiar. El Viernes Santo pasaba todo el día viendo películas religiosas en la casa. ¡Me encantaban! Desde niña me incliné por todo lo que tuviera que ver con crecer espiritualmente y tratar de ser una persona mejor. ¡Dios ha estado presente en todos los días de mi vida!

Como siempre he estado segura de que todo va estar bien, a veces creo que nací con esa fe sellada en mi alma. Respeto todas las religiones y me gusta conocer sus diferencias. He leído, por ejemplo, mucho sobre el budismo, que me gusta mucho. La última esposa de mi papá es cristiana, así que también he asistido a la iglesia con ella, lo mismo que con otros compañeros, y me ha fascinado.

Todo lo que podamos hacer para enriquecer nuestro espíritu, nuestra alma, es una responsabilidad muy grande que debemos asumir. Hace unos años mi hija Andrea me regaló un libro llamado *Conversaciones con Dios*, uno de los más lindos que he leído. Me emocionó mucho que fuera ella quien me lo hiciera llegar. Cuando lo leo, siento que en realidad converso con Dios. Y no sólo converso, también le cuento chistes: "Oye, Papá Dios, de verdad que estás tremendo, estás hecho un travieso, ¡ya vi lo que hiciste!"

No pronuncio una oración específica. Más bien, tengo una manera sencilla de orar. Me gusta agradecer de antemano aquello en lo que estoy segura que me va a ayudar. Por ejemplo, le doy las gracias por ayudarme a cumplir sueños con mis hijos, metas personales y profesionales. Y le pido que me dé mucha salud.

Procura siempre dedicarle tiempo a Dios. Al que sea y en el que tú creas. Si durante unos minutos, por la mañana, le agradeces, dejas todo en sus manos y riegas buenos deseos a tu alrededor, Él se encargará de lo demás.

Dios también es energía y vibraciones positivas

En mi opinión, uno puede creer en Dios o en la fuerza que sea, en la energía, en el universo. Todo merece el mismo respeto porque se traduce en lo mismo: en Dios. Para mí es muy importante el crecimiento espiritual.

Veo las cosas con claridad y creo mucho en el karma. Pienso que todo lo que hacemos aquí en la Tierra lo pagaremos algún día en esta vida o en otra. Todo funciona como un bumerán. Lo que no creo es que una deba pensar constantemente en la recompensa. Cuando haces algo que no está bien, que es negativo, cuando dañas a otra persona, eso se multiplica y te llega de vuelta.

Estoy convencida de la existencia de la vibración energética y de que uno tiene que crear su propia suerte. Es como una cadena. Si estás rodeado de energía positiva, algo positivo sucede. Esa alegría que tienes, esa emoción que sientes, sólo te traerá cosas buenas.

Si te deprimes y empiezas a sentir rencor, coraje, envidia y odio, esas vibraciones, al ser muy bajitas, permiten que ocurran sucesos tristes en tu vida. Por ejemplo, hay días en que me siento deprimida, sin energía; entonces más me tropiezo y las cosas no me salen como tienen que ser.

Cuando inicié mi fundación Arte por la Paz, lo hice segura de que cuantos más caminos lleven al arte en las escuelas, con mayor facilidad bloquearemos los caminos hacia las drogas y la delincuencia. Las cosas buenas traen cosas buenas. Por eso estoy a favor del verdadero positivismo.

Si te rodeas de energía positiva, atraes a gente buena a tu vida. Yo lucho por comunicar constantemente este mensaje a mis hijos. Dentro de esa paz interior y esa espiritualidad también tenemos que ser muy firmes y claros con las personas: hablarles con amor pero también con franqueza. El amor es la herramienta y la fuerza más poderosa que existe. Soy de las que piensan que cuando alguien te grita y tú le respondes suavemente, con amor, lo desarmas, y así resulta muy difícil que siga haciéndote daño.

Todo pasa por alguna razón. Por desgracia, no prestamos atención a lo que nos ocurre y a los mensajes que el universo nos envía de manera constante. Nada sucede por casualidad. Todos aquellos a quienes conocemos, con quienes nos encontramos, tenían que estar en nuestra vida. Y todos vienen con algún mensaje o enseñanza.

¡Es tan fácil derramar buena vibra! Si, por ejemplo, ves al anciano que te ayuda con la compra, le echas la mano, le preguntas cómo está, le das un abrazo y a lo mejor le das una buena propina, haces que se sienta feliz. Regalar felicidad es lo más fácil del mundo y engrandece tu cadena de amor.

A lo largo de este libro he destacado la importancia de ser agradecida. Lo afirmo una y otra vez: si vives haciendo actos de bondad, agradeciendo a Dios por todo lo que te permite vivir, si perdonas y te perdonas a ti mismo, creas las condiciones de la verdadera felicidad. Y todo eso se consigue al practicarlo a diario. Al convertirlo en un hábito en tu vida. Inténtalo y cuéntame cómo te fue, aunque, te aseguro… ya sé la respuesta.

Para no olvidar, mi amiga

✓ Crea las condiciones necesarias para ser feliz. Ármate de valor y perdona a quien te ha hecho daño. No esperes a que la otra persona lo haga. Deja el orgullo a un lado.

✓ La persona que primero perdona es la más valiente y la que será más feliz.

✓ Siempre presta atención a las señales que te envía el universo.

✓ Desarrolla tu relación con Dios. Háblale como tú quieras. Aprende a meditar.

✓ Desarrolla el hábito de perdonar, de ser agradecida, de realizar actos de bondad y ser positiva. Hay que practicarlo diariamente.

✓ ¿Qué acto de bondad realizarás hoy? ¿A quién le darás las gracias hoy? Y… ¿a quién tienes que llamar para perdonarlo o pedirle perdón?

CAPÍTULO 11

El Club de las Mujeres sin Edad

Hoy, mientras escribía este libro, encontré una frase que me encantó, que dice que las niñas compiten entre sí, pero las mujeres de verdad no lo hacen; más bien, se empoderan. Estoy de acuerdo. Pienso que como mujeres tenemos la obligación no sólo de empoderarnos, sino de ayudarnos, estimularnos y compartir nuestros testimonios para mejorar nuestra vida.

Lo mejor de los tiempos que nos ha tocado vivir es que, a diferencia de los de nuestras abuelas, las mujeres de hoy se ven mejor con los años. Hoy conforman una especie de Club de las Mujeres sin Edad ya que, de no ser porque ellas mismas lo dicen, probablemente nadie adivinaría la edad que tienen. Con los años han mejorado en todos los sentidos; no sólo en el aspecto físico, sino también en el emocional, el mental y el espiritual… y eso se nota.

Aquí hablaré de algunas de ellas y me limito a la selección que hice sólo por razones de espacio.

Michelle Obama

La primera dama de Estados Unidos, Michelle Obama, se describe a sí misma como *"fifty and fabulous"*, o sea, "cincuentona y fabulosa".

"Nunca me he sentido más segura de mí misma —aseguró Michelle en una entrevista que le hicieron para la revista *Parade*—. Las mujeres debemos tener la libertad de hacer lo que necesitemos para sentirnos bien. Yo desarrollo continuamente maneras de seguir impactando como madre, como profesional o como mentora."

Michelle lo tiene muy claro. A los 50 debemos reinventarnos y enfocarnos en lo que tenemos que hacer para seguir sorprendiéndonos. Grábalo en tu mente y en tu corazón: ésta es la edad de resurgir, de volver a empezar, de deshacerse de los temores, de no preocuparse por el "qué dirán" y emprender todo lo que nunca antes nos atrevimos a hacer.

Maribel Guardia

Como mencioné en otro capítulo, otra cincuentona que admiro en el alma es Maribel Guardia. Cuando cumplió 50, se paró frente a las cámaras y no sólo los contó con pelos y señales, sino que fue muy clara al decir: "Lo importante es lo de adentro porque al final todo lo de afuera se cae y se arruga. Yo sí confieso mi edad. ¿Por qué no decir los años que tengo si los he vivido y me veo bien?"

Aunque Maribel es preciosa por dentro y por fuera, sabe que la felicidad hay que construirla internamente para poder realizar con la energía y la fuerza necesarias todo eso que queremos reinventar. Y, entre nosotras, no creo que a Maribel, que es una mamá sana, que come bien y hace buen ejercicio, se le vayan a caer muchas cosas que digamos.

María Elena Salinas

Mi querida y admirada María Elena Salinas, reconocida periodista y conductora del *Noticiero Univisión*, no habría podido resumirlo mejor cuando dijo en una entrevista a mamalatina.about.com que éste era nuestro mejor momento como mujeres: "Es el mejor momento para ser mujer. El papel de la mujer ha cambiado muchísimo y esa época de la sociedad machista está quedando atrás. Las mujeres que fuimos educadas para ser amas de casa cada vez somos menos. Hoy en día somos líderes. Tomamos las decisiones familiares. Llegan a Estados Unidos, un país nuevo, aprenden cómo funciona el sistema escolar y el sistema de salud, y así se convierten en líderes; eso es bueno para sus hijos, porque toman su ejemplo".

Sofía Vergara

Cuando pienso en madres latinas que admiro, de inmediato viene a mi mente Sofía Vergara, quien llegó de Colombia a sus 20, con su hijo pequeño, sin imaginar que se convertiría en la latina más famosa de Hollywood. Recuerdo que comenzó trabajando en Univisión. Siempre me impresionaron su carisma y su gran belleza. Hoy, después de sus 40, no sólo está más bella que antes, sino que su enorme seguridad en sí misma, con la que se burla de su acento, sus manías y su voluptuosidad, hace que sea aún más querida y admirada.

"Yo hago ejercicio porque uno necesita verse mejor a medida que va cumpliendo años —le dijo Sofía a la revista *Self*—. A algunas mujeres se les va la mano porque tienen cuerpo de 20 y un rostro horrible. Empiezan a ponerse cosas en la cara y lucen como monstruos. ¿A quiénes quieren engañar? Uno sabe que esos labios no son suyos… Yo no quisiera ni cirugía plástica ni botox."

A los 40, Sofía está viviendo los mejores años de su vida. Y tiene clarísimas sus prioridades: "Para mí el trabajo es importante, pero también lo es mi vida personal. Me gusta comer postres, disfrutar con mis amigas, y viajar".

En eso estamos de acuerdo y lo he repetido en este libro: hay que gozar la vida y, en especial, disfrutar los pequeños momentos que son los que la construyen.

Otra cualidad que admiro de Sofía Vergara y que me ha inspirado es su valor: "He tomado millones de riesgos —le dijo Sofía a la revista mencionada—. Me han rechazado muchas veces y nunca lo he visto como un fracaso. Simplemente sigo adelante".

Y ahí la tienen. Hoy, Sofía Vergara es la latina que más gana en Hollywood. Entonces, amiga mía, que un *no* en tu vida no sea sino una llave para abrir más puertas.

Jennifer López

Si hablamos de abrir puertas, no puedo dejar de mencionar a otra mujer que admiro profundamente. Nuestra Jennifer López. Cuando todos la criticaban por los 18 años de diferencia que le llevaba a su ex, Casper Smart, yo la admiraba más por atreverse a ser feliz. Jennifer siempre ha luchado por su felicidad, y se nota que vive y trabaja con pasión.

Cuando Katie Couric le preguntó qué opinaba de la diferencia de edad en relación con Casper, Jennifer le respondió: "Yo no me acuerdo de cuántos años tengo hasta que la gente me lo recuerda. Siento que tengo la misma edad que cuando empecé. Me siento muy joven y muy feliz en mi piel".

A la revista *Elle* le confesó que cuando cumplió 40 dudó un poco, pero que ahora es cuando mejor se ha aceptado. Y agregó algo que me encantó: "Siempre pienso que tengo como 16 o 18, que es la edad en que me convertí en la mujer que soy ahora".

Sonia Sotomayor

Otra boricua a quien admiro muchísimo es Sonia Sotomayor. La primera latina en pertenecer a la Corte Suprema de Justicia de Estados Unidos. La jueza latina que en su libro *Mi mundo adorado* nos contó que, aunque la vida nos ponga todo en contra, nosotras podemos ponerlo todo a nuestro favor. Sonia, diabética desde niña, vivió en la pobreza y sufrió por un padre enfermo de alcoholismo. Se casó y se divorció… Pero también se graduó *summa cum laude* por la Universidad de Princeton y por la Escuela de Derecho de Yale. En mayo de 2009 recibió una llamada del presidente Obama en la que la nominaba como jueza asociada de la Corte Suprema de Justicia de Estados Unidos. En agosto de ese mismo año se convirtió en la primera latina en asumir esa función. Cuando leí su libro, una frase erizó mi piel: "Las personas que viven situaciones difíciles necesitan saber que existen finales felices".

Ésa es la misma mujer que para celebrar sus 50 años comenzó a recibir clases de salsa y que le ratificó a Jorge Ramos que no hay mejor cura para el mal de amores que bailar. ¡Y además bailó con él ante las cámaras!

"Un remedio para el mal de amores que preparé yo misma fue aprender a bailar —cuenta Sonia en su libro—. Programé las lecciones, enrollé la alfombra y me dediqué a aprender salsa. Nunca más me sentaría como una momia a ver a los demás bailar. La Sonia torpe y descoordinada haría las paces con ella misma en movimiento."

Ese párrafo define lo que yo quiero dejarte, mi querida lectora, grabado en la mente y en el alma. Que siempre, pase lo que pase, hay una puerta de salida para nuestros problemas. De algún lado, por más triste que te encuentres, te caerá una máscara de oxígeno que te devolverá la vida. Pero no puedes echarte a morir sin buscarla. Ni pensar que tu vida, por más grande que sea el problema, o la tristeza que tengas, se acabó. Siempre, siempre, puedes volver a empezar.

Salma Hayek

Salma Hayek es un gran ejemplo de cómo la vida te da finales felices.

"Yo creo ciento por ciento en el poder de la fe —confesó a la revista *Redbook*—. A los 30 años, con el corazón partido, no tenía marido ni hijos. Ni siquiera una carrera sólida. Llegando a los 40, me liberé y pensé que tal vez no llegarían el esposo ni la familia, así que gozaría la vida sin eso. ¡Y de pronto llegó todo! El éxito y la felicidad no tienen edad."

Salma, que recomienda ejercitarse haciendo muecas, y mover constantemente todos los músculos de la cara para prevenir las arrugas, también es de las que cree que la verdadera felicidad viene de adentro: "¿Quieres envejecer con gracia? Disfruta la vida. Si la idea de envejecer te tiene amargado, neurótico y paranoico, eso te hará envejecer más rápido".

Apodérate del mundo... de a poquito

La actitud es fundamental para sentirte realizada como estas mujeres. Sin duda, algo que contribuye a eso y con lo que soñamos la mayoría de los seres humanos (¡si no es que todos!) es la libertad financiera. Como me repite con frecuencia una buena amiga: todos queremos ser flacos y ricos. Sabemos cómo lograr lo primero. Para lo segundo, casi ninguno sabe por dónde empezar.

A continuación te daré algunos consejos que me han ayudado a liberarme poco a poco de los problemas económicos desde que vivía al día y soñaba con tener lo que tengo ahora.

1. *Ahorra.* Abre una cuenta de ahorros y deposita aunque sea 10 dólares, o el equivalente en tu moneda, a la semana. Créeme, el dinero que no tocas se multiplica.

2. *Busca ganar más*. Si tienes un trabajo estable, busca una entrada adicional: cuidar niños, limpiar casas, arreglar uñas los fines de semana, vender galletas, elaborar pulseras. Piensa en algo que sepas hacer bien (y que te guste hacer).

3. *Promuévete*. Comienza a promover tus servicios. Las redes sociales son ideales para promover y vender. Haz volantes y repártelos en restaurantes y en sitios donde vaya mucha gente.

4. *Inicia tu propio negocio*. Si quieres montar tu propio negocio, busca un socio en quien confíes. Averigua primero los pros y los contras de ese negocio. Aprende sobre él.

5. *Planifica*. Haz un plan. Quien no tiene un plan, planifica el fracaso. ¿Cuánto hay que invertir en la operación? ¿Cuánto esperas que haya de ganancia?

6. *Investiga tu mercado*. Investiga el mercado al que deseas dirigir tu negocio. ¿Cuáles son sus necesidades? ¿Quién es tu competencia?

7. *Anticipa problemas*. Haz una lista de los problemas que podrías enfrentar y la manera en que los resolverás.

8. *Elabora un presupuesto e investiga*. Prepara un presupuesto detallado y síguelo al pie de la letra. Investiga si en tu ciudad opera un organismo dedicado a ayudar a los pequeños negocios y pide orientación.

9. *Asegura el financiamiento.* Investiga qué banco te otorgará un mejor préstamo. O busca un inversionista que pueda proporcionarte el capital.

10. *Forma tu equipo.* Rodéate de gente que sepa del negocio.

11. *Anúnciate.* Crea un portal de internet donde puedas anunciar todo lo que vas a vender.

12. *Sé paciente.* Ten paciencia. La ganancia no llegará de un día para otro. Apodérate del mundo de a poquito y llegarás lejos.

Para no olvidar, mi amiga

✓ Nútrete con lo que puedas aprender de otras mujeres y empodérate.
✓ Ocúpate de sentirte bien por dentro y de verte bien por fuera.
✓ Recuerda: siempre hay una salida para los problemas.
✓ Planifica tu vida y, luego, actúa para llevar a cabo tu plan.
✓ No te precipites, condúcete con paciencia y podrás obtener los resultados que deseas.

50 frases que te sacarán de apuros

Cuando empecé a escribir este libro tenía una sola meta en la mente: ayudarte. Ya llegando al final de sus páginas, he de reconocer que a mí misma me ha servido para repasar las hojas de mi vida y sanar heridas. Si ayuda a una sola persona, estaré feliz y agradecida. Ojalá sea a ti.

Antes de despedirme, hasta el próximo libro, aquí te dejo 50 frases que pueden parecerte divertidas, profundas o superficiales, pero que son sumamente efectivas y te ayudarán. Estoy segura de que te sacarán de apuros en uno de esos días en que sientas que ya no puedes más.

1. "Encuentra el lugar dentro de ti donde nada es imposible."

Deepak Chopra

2. "Si puedes soñarlo, puedes lograrlo."

Walt Disney

3. "Si no puedes volar, corre. Si no puedes correr, camina. Si no puedes caminar, gatea. Pero, hagas lo que hagas, siempre muévete hacia delante."

Martin Luther King

4. "No puedes evitar el dolor, pero puedes elegir superarlo."

Paulo Coelho

5. "Construye puentes en vez de murallas."

Sonia Sotomayor

6. "El fracaso no es lo opuesto al éxito. El fracaso hace parte del éxito."

Arianna Hufftington

7. "El mejor de todos los descubrimientos es que una persona puede cambiar su futuro con tan sólo cambiar su actitud."

Oprah Winfrey

8. "Es bueno que caigas algunas veces. Cuando cometes errores, tienes que probarte de nuevo. Y eso es lo mejor que puede pasar para que compruebes que tu éxito no se lo debes a la suerte."

Barbara Walters

9. "La gente sin ambición nunca sale del agujero."

María Félix

10. "¿Qué harías hoy si no tuvieras miedo?"

Sheryl Sandberg

11. "Vive como si fueras a morir mañana. Aprende como si fueras a vivir para siempre."

Mahatma Gandhi

12. "Aquel que no ha cometido un error, nunca ha intentado hacer algo nuevo."

Albert Einstein

13. "Tu tiempo es limitado. No lo pierdas viviendo la vida de otro."

Steve Jobs

14. "Una mujer tiene la edad que se merece."

Coco Chanel

15. "La actividad que más evitas es la que contiene tu más grande oportunidad."

Robin Sharma

16. "Yo no tengo miedo y nunca me quejo. Y aun cuando me pasan las cosas más horribles, siempre sigo adelante."

Sofía Vergara

17. "Mi mamá siempre me dijo que si uno trabaja duro lo consigue todo. Y ésa es una de las verdades más grandes que existen."

Jennifer López

18. "Suéltalo, para que llegue. Mientras más ansioso uno se pone por las cosas, más tardan en llegar."

Giselle Blondet

19. "A un hombre hay que llorarlo tres días y al cuarto te pones tacones y ropa nueva."

María Félix

20. "No importa quién seas ni dónde estés. La magia de la gratitud hará siempre milagros en tu vida."

Rhonda Byrnes

21. "Los dos días más importantes de tu vida son el día que naciste y el día que descubriste para qué naciste."

Mark Twain

22. "Todos somos genios, pero si juzgas a un pez por su capacidad de trepar árboles, vivirás toda tu vida pensando que es un inútil."

Albert Einstein

23. "Odiaba cada minuto del entrenamiento pero me decía: 'Sufre, no te rindas y vive el resto de tu vida como un campeón'."

Muhammad Ali

24. "Optimismo es la fe que lleva al éxito. Nada puede lograrse sin fe y confianza."

Hellen Keller

25. "Nunca, nunca, te rindas."

Winston Churchill

26. "Ámate a ti primero y todo caerá en su lugar. Tienes que amarte para lograr cosas en este mundo."

Lucille Ball

27. "Si obedeces todas las reglas, te pierdes toda la diversión."

Katherine Hepburn

28. "Éxito es conseguir lo que quieres. Felicidad es desear lo que obtienes."

Ingrid Bergman

29. "Dama es aquella a quien no le interesa tener muchos hombres a sus pies, sino uno a su altura."

Carolina Herrera

30. "Si por pendeja me caigo, por chingona me levanto."

Jenni Rivera

31. "Perdonar no es olvidar. Perdonar es recordar sin dolor."

Celia Cruz

32. "No hay día más perdido que aquel en el que no hemos reído."

Charles Chaplin

33. "Sólo existen dos días en el año en los que nada puede hacerse. Uno se llama ayer y otro mañana."

Dalai Lama

34. "Lo mejor que puedes obtener de una relación es estar con alguien que te ayude a ser una mejor versión de ti."

Jim Carrey

35. "Cuando nos enfocamos en las diferencias, creamos caos, negatividad y *bullying*. Creo que debemos enfocarnos en lo que todos queremos ser: ser felices."

Ellen DeGeneres

36. "Nadie se muere de amor, ni porque le falte ni porque le sobre."

Chavela Vargas

37. "Si te tomas todo muy en serio, te vuelves viejo. Que la gente te pregunte cuándo vas a crecer es señal de que estás haciendo bien las cosas."

Ricky Martin

38. "Amé mis 40, porque fueron fantásticos, y estoy amando mis 50. Voy a disfrutar todo porque hay sólo dos salidas: cumplir años... o morirte."

Gloria Estefan

39. "Sé siempre el diseñador de tu propio destino."

Óscar de la Renta

40. "Creo que el éxito puede ocurrir en cualquier momento y a cualquier edad."

Salma Hayek

41. "La fuente de la juventud existe y está en tu cabeza, en tu creatividad, tu talento y en la vida de la gente que amas. Cuando la descubras, habrás desafiado la edad."

Sophia Loren

42. "Aquel que deja de aprender se pone viejo, y el que sigue aprendiendo rejuvenece. Lo mejor de la vida es mantener la mente joven."

Henry Ford

43. "Los 40 son la vejez de la juventud. Los 50, la juventud de la vejez."

Victor Hugo

44. "A medida que cumples años, dos cosas se vuelven muy importantes: la salud y el dinero."

Helen Gurley Brown

45. "No importa cuántos años tengas; lo que importa es el momento que vives. Nunca dejes que un número te defina y siempre haz todo con positivismo."

Christy Brinkley

46. "A medida que te haces mayor, descubres para qué tienes dos manos. Una para ayudarte y otra para ayudar a la humanidad."

Audrey Hepburn

47. "Para mí, un hombre es la cereza en el pastel, pero yo soy el pastel y este pastel solo ya es suficientemente bueno."

Halle Berry

48. "El futuro le pertenece a todo aquel que cree en la belleza de sus sueños."

Eleanor Roosevelt

49. "Es durante nuestros momentos más oscuros que debemos enfocarnos para ver la luz."

Aristóteles Onassis

50. "Siempre sé que todo va a estar bien. Eso se llama fe."

Giselle Blondet

Y tú, ¿qué frases encuentras motivantes?

Para no olvidar, mi amiga

✓ Aprende a ser feliz con todo y sin nada.
✓ Uno aprende de sus propias experiencias y después las compartimos con nuestros hijos para que aprendan de ellas.
✓ Estoy agotada tratando de ser perfecta… Mejor uso mi tiempo para aceptarme exactamente como soy: ¡única!
✓ Cuando hablas con amor, es más fácil escucharte.
✓ Recuerda los dichos que compartían nuestras abuelas con nosotras porque todos encierran una gran verdad.
✓ Quiérete mucho, eres el mejor regalo que Dios te dio.
✓ Nunca te avergüences de ser quien eres, sólo trata de ser la mejor versión de ti misma.

Hasta que volvamos a encontrarnos...

No quiero sonar malagradecida, pero siento que nada he hecho todavía. Ahora, a mis 50, arranca una nueva aventura. Ahora es cuando empiezan los mejores años de mi vida. Ahora es cuando voy a comenzar a *hacer*.

Me tomó 50 años entender lo que tantas veces me habían dicho y que yo misma me repetía:

▸ Sí se puede.
▸ No hay límites que te indiquen hasta dónde puedes llegar si te concentras y contemplas cada situación en la que te digan *no*, como una razón para buscar otra alternativa en busca de un *sí* redondo.

Mis mensajes positivos

Dicen que los pintores y los compositores logran sus mejores obras en sus momentos más difíciles. Por eso, tengo para ti los siguientes mensajes:

1. Siempre mira hacia delante, más allá de la punta de tu nariz.
2. En los momentos de temor, respira profundamente y arriésgate para que puedas progresar.
3. Aprende de cada experiencia. No sólo de las tuyas, sino también de las de los demás.
4. Entiende que todo tiene una solución y que esa solución proviene únicamente de ti.
5. Sé leal, generoso, compasivo y comprende que cada día es un nuevo comienzo.

Mis sueños realizados

Gi by Giselle Blondet, mi línea de joyería y ropa de cama, es uno de mi sueños realizados. ¿Qué puede saber una actriz, que comenzó su carrera a los 14 años y nunca terminó la universidad, de este tipo de negocios?

¡Nada!

Pero soñé, me atreví, observé, busqué un gran equipo, y he trabajado duro para aprender sobre la marcha. Más que positivismo, tengo la certeza de que todo va a estar bien. Eso se llama fe.

Trabajo con mi autoestima todos los días porque pienso que es la herramienta más importante para afrontar las críticas y los *no*, así como para tener esa mejor relación conmigo misma y con los demás.

Ahora lo que quiero ser es un ejemplo para las que vienen, las que van y las que están. Porque a mis 50 estoy creando mi propia compañía de producción, me convertí en empresaria, escribí este libro, y soy madre de tres hijos que he echado para adelante prácticamente sola, como muchas de ustedes que hoy me leen.

Quiero que tú, de las más jovencitas, veas en mí un modelo que puedes seguir, y que tú, que has vivido un poquito más, dejes de quitarte la edad y veas cada año de vida como un nuevo comienzo lleno de posibilidades.

Gracias por haber escogido este libro. Gracias por haber llegado hasta aquí. Si es a ti a quien te cambiará la vida, desde ya te digo que entonces mi misión estará cumplida.

Espero que volvamos a encontrarnos en mi próximo libro. Y ahora, a seguir gozando la vida. Después de todo, tenemos 50... ¿y qué?

Agradecimientos

Llegó el momento que más me gusta: el de los agradecimientos. Creo que hay que agradecer hasta un dolor de cabeza, porque seguramente éste evite otros. Ja ja ja.

Pero en este caso se trata de personas muy especiales para mí, que han contribuido a que este libro se haga realidad. Siempre agradezco a Dios, porque para mí con Él todo es posible. Gracias también a mis hijos Andrea, Gabriella y Harold, que son mi mayor tesoro y mi mejor motivación, porque siempre apoyan mis locuras. Cada uno ha contribuido en cada rincón de este libro con las experiencias compartidas.

Gracias a Francisco Daza, gran amigo y cómplice de esta unión con Penguin, que ha sido tan gratificante y que me ha permitido trabajar de cerca con Cristóbal y Fernanda, junto a su espectacular equipo. Gracias mi *manager* Becky Villaescusa, a la que hay que tenerle miedo porque si digo: "Me gustaría hacer...", cuando abro los ojos, ahí estoy. Más que mi *manager*, es una gran amiga y un ser humano al que admiro, entre otras cosas, por su nobleza y su perseverancia. A mi oficina de Management Latin We y a todos los que la componen. Los adoro. A mis publicistas

Mayna Nevarez y Uka Green, mujeres ejemplares que en diferentes etapas de sus vidas, ambas con esposo e hijos, han sabido arreglárselas para continuar sus carreras con éxito y una vida familiar balanceada. Gracias a Enrique Vega por esas fotos tan lindas que tomó para el libro con tanto cariño. A la talentosa Annexie, siempre con esa buena energía que la caracteriza y con la que me maquilla y me peina. A mi entrenador y gran amigo José Fernández, porque sin él sería una gelatina. Gracias por ayudarme a crear esta "rutina para vagas", para las que, como a mí, no nos gusta el ejercicio.

Un agradecimiento especial para tres mujeres talentosas, inteligentes y fabulosas: Alejandra Espinoza, Pamela Silva-Conde y Sofía Vergara, que me honran con los prólogos de este libro. Mujeres que admiro, quiero y respeto. Ellas representan a la mujer segura y trabajadora. Forman parte del club Tengo 50 Años… ¿Y Qué?

Gracias a los amigos que me apoyaron de mil maneras. Aunque no mencione sus nombres, saben que están en mi corazón. A todos mis seguidores, porque gracias a ustedes y a su apoyo he podido construir una carrera durante toda una vida.

Y gracias a mis padres, Alba y Tito, porque por su unión he podido vivir todas estas experiencias para contarlas. Pero gracias, sobre todo, a ti, Mami, que me diste la vida, que me apoyaste siempre, que me proporcionaste los valores y los principios que me acompañan a mí, a mi hermana y a tus nietos. Me enseñaste lo que es trabajar duro por lo que queremos y me convenciste de que la familia siempre es primero. Te amo, madre, y sé que desde el cielo estás sonriendo. Gracias… gracias a todos... Los quiero.

Giselle

Giselle Blondet. Con 36 años en la industria del entretenimiento, es una de las puertorriqueñas más queridas en el mundo. Actriz, conductora, filántropa y empresaria, se ha convertido en una de las hispanas líderes más reconocidas y admiradas internacionalmente.

Actualmente es la imagen de *L'Oréal,* se prepara para lanzar su segundo libro, y en alianza con las tiendas Walmart ofrece a sus fans Gi by Giselle Blondet, su propia línea de ropa de cama con mensajes de inspiración y una variada colección de joyería.

Hasta 2013 fue la conductora oficial y fundadora de *Nuestra Belleza Latina,* el *reality show* en horario estelar de Univision más visto en la historia de la TV. En éste se convirtió en una especie de hada madrina que siempre ayudó a las concursantes a cumplir sus sueños.

Antes de *Nuestra Belleza Latina,* Giselle fue la conductora fundadora de *Despierta América,* el popular *show* de noticias y entretenimiento de las mañanas de Univision, y el de más altos niveles de audiencia en la televisión hispana.

Durante los últimos ocho años, Giselle ha sido animadora de *Noche de Estrellas* en las Alfombras de Premio Lo Nuestro y desde 2008 del Latin Grammy. También fue la anfitriona de *Historias para contar*, donde tuvo la oportunidad de entrevistar a las más grandes estrellas.

Antes de formar parte de las filas de la cadena Univision, Giselle participó en un sinnúmero de telenovelas, programas de radio, televisión, miniseries, películas y *shows* en Puerto Rico, en donde se convirtió en una de las personalidades más admiradas y respetadas de la isla. Desde que inició su carrera a los 14 años, Giselle ha participado en más de 22 telenovelas, tales como *Morelia*, *Pasión de vivir* y *Pacto de amor*. En 2012 tuvo la gran oportunidad de protagonizar en Televisa un episodio de la exitosa serie *Mujeres Asesinas*.

Amante del teatro, Giselle ha participado en importantes obras como *La verdadera historia de Pedro Navajas*, *Prelude to a Kiss* y *Barefoot in the Park*. En el cine protagonizó *Virtually Yours* junto a Terence Hill y Marvin Hagler y *Feliz Navidad* junto al locutor de radio Luis Jiménez.

Durante su extensa carrera artística Giselle ha sido galardonada seis veces como mejor actriz con los codiciados premios Agueybaná y CEMI. También se ganó el Premio Inte como mejor conductora y el Premio ACE como mejor conductora y actriz, y ha sido distinguida con el premio Orgullo Puertorriqueño —otorgado por el Comité Noviembre, de Nueva York—, el reconocimiento "Excellence in Latin Media Award" de la organización 100 Hispanic Women, y el "Hispanic Leadership Excellence Award in Entertainment", durante el Hispana Leadership Summit 2013.

Recientemente, Giselle fue invitada a la Casa Blanca para conversar con los miembros del Congreso. También en

Washington. D. C, condujo los Premios Hispanic Heritage Awards.

Dueña de un gran corazón y un profundo amor por su gente, Giselle pertenece al comité de apoyo a la Cruz Roja Americana. Fue voluntaria de la organización America Developing Smiles, del hospital St. Jude para niños y de NAAR, una iniciativa dedicada a ayudar a niños autistas y a sus familias. También es la madrina del Hospital San Jorge de Puerto Rico. Recientemente creó su propia fundación, Arte por la Paz, en la que apoya la formación y desarrollo de programas de arte en las escuelas.

Ha participado en campañas como Got Milk?, y en anuncios publicitarios de Dove, Minute Maid, Kmart, USPS y Charmin. Su rostro ha aparecido en portadas de prestigiosas revistas como *Vanidades*, *Harper Bazaar*, *Glamour*, *Cosmopolitan*, *Buenhogar*, *Caras*, *Selecta* y *People en español*, perteneciendo a su lista de los "50 más bellos".

Giselle es autora del bestseller *Con los pies en la Tierra*. Actualmente reside en Miami y es madre de tres hijos.

Tengo 50, ¿y qué?, de Giselle Blondet
se terminó de imprimir en octubre de 2014
en los talleres de Litográfica Ingramex, S.A. de C.V.
Centeno 162-1, Col. Granjas Esmeralda,
C.P. 09810, México, D.F.